新时代高职院校
思政课教师队伍建设研究

李生 ◎ 著

首都经济贸易大学出版社
Capital University of Economics and Business Press
·北京·

图书在版编目（CIP）数据

新时代高职院校思政课教师队伍建设研究 / 李生著.
北京 : 首都经济贸易大学出版社, 2025. 5. -- ISBN 978-7-5638-3870-7

Ⅰ. G711

中国国家版本馆CIP数据核字第2025M75U32号

新时代高职院校思政课教师队伍建设研究
XINSHIDAI GAOZHI YUANXIAO SIZHENGKE JIAOSHI DUIWU JIANSHE YANJIU
李　生　著

责任编辑	成　奕
封面设计	风得信·阿东 FondesyDesign
出版发行	首都经济贸易大学出版社
地　　址	北京市朝阳区红庙（邮编100026）
电　　话	（010）65976483　65065761　65071505（传真）
网　　址	https://sjmcb.cueb.edu.cn
经　　销	全国新华书店
照　　排	北京砚祥志远激光照排技术有限公司
印　　刷	北京九州迅驰传媒文化有限公司
成品尺寸	170毫米×240毫米　1/16
字　　数	193千字
印　　张	13
版　　次	2025年5月第1版
印　　次	2025年5月第1次印刷
书　　号	ISBN 978-7-5638-3870-7
定　　价	68.00元

图书印装若有质量问题，本社负责调换

版权所有　侵权必究

前 言

思想政治理论课（以下简称"思政课"）是落实立德树人根本任务的关键课程。办好思政课，关键在教师。党和国家高度重视思政课教师队伍建设，这关系到党的事业稳固发展，关系到高校人才培养是否符合国家要求，关系到中华民族伟大复兴的实现。近年来，随着思政课教师队伍建设文件的不断出台，越来越多的学者对高校思政课教师队伍建设进行了研究，并做了持续关注和调研。

据教育部统计，自2016年12月全国高校思想政治工作会议召开以来，全国思政课教师数量大幅增加，至2021年底，登记在库的高校思政课专兼职教师超过12.7万人，其中专职教师超过9.1万人。高学历、年轻化已成为思政课教师队伍发展新状态。与2016年相比，全国思政课教师总数增加6万人，其中专职教师增加4.5万人。思政课是全国高校必须安排的公共必修课，这就意味着每一所高校都应该根据教育部思政课课程开设要求，配备充足的思政课教师。截至2023年6月，全国共有高等学校3 072所（不含港澳台地区），其中：普通高等学校2 820所，含本科院校1 275所、高职（专科）院校1 545所；成人高等学校252所。进入新时代，我国高等学校发展稳中向好，依托高校发展的时代红利，思政课教师队伍的制度建设、发展模式、培养路径不断完善，形成了良好的发展态势。

2019年3月18日，习近平总书记在学校思想政治理论课教师座谈会上对广大思政课教师提出"政治要强、情怀要深、思维要新、视野要广、自律要严、人格要正"六点要求，为新时代高校思政课教师明确职责定位、找准工作切口、实现自我职业认同指明了发展方向。深入贯彻落实好这六点要求，以"六要"为先，打造学生真心喜爱、终身受益的思政课，是每一名高校思政课教师义不容辞的责任。

本书分为导论和六章，每一部分都围绕一个主要核心内容进行探析。第一章主要分析新时代背景下思政课教师队伍发展的时代要求，主要从《新时代高等学校思想政治理论课教师队伍建设规定》《普通高等学校马克思主义学院建设标准（2023年版）》等相关文件中重点分析国家对思政课教师队伍的时代要求，明晰思政课教师建设的职业定位和发展方向；重点以《国家职业教育改革实施方案》和职业教育国家"双高"计划对高职院校思政课教师的要求为突破口，论述高职院校思政课教师肩负的职业教育使命，从横向和纵向两个维度确证高职院校思政课教师的多重身份和使命担当。第二章围绕高职院校思政课建设定位论述其建设的主要内容，包括"六要"建设、专业性建设、实践能力建设、与职业教育的契合度建设、服务社会发展的能力建设等。第三章主要以调研结果为依托，展开剖析目前高职院校思政课教师队伍建设的现状。例如：思政课教师与师生比1∶350的建设情况；思政课教师高层次人才引进和内培博士情况；思政课双师型教师比例、参与校企合作、产教融合情况；思政课教师队伍师德师风、教研技能、社会服务情况等。第四章重点论述高职院校思政课教师队伍的管理制度建设，分析当前高职院校思政课教师队伍的制度建设情况，把脉其存在的问题，并从共性建设经验中总结可适用的路径。第五章重点研究高职院校教师教育情怀，对思政课教师教育情怀开展学理分析，并从影响思政课教师教育情怀的共性因素出发，提出优化思政课教师教育情怀培育的路径。第六章重点提出高职院校思政课教师队伍质量提升路径，特别是在加强顶层设计、校企合作、师德师风建设等方面提出具体符合高职院校特色，具有现实可操作性的路径。

高职院校思政课教师队伍建设是一项动态发展的工作，会随着国家政策、时代发展趋势的变化而变化。本书所涉及的调研数据也只是现阶段笔者对于该问题的阶段性认识，未来的发展肯定会引发思政课教师队伍相关数据指标的变化。本书仅阐述了笔者在这个领域开展学术探讨的自我观点，囿于能力和学识，书中难免会出现一些错漏，恳请各位专家学者、广大教育工作者，特别是一线思政课教师批评指正。

目 录

导　论 ……………………………………………………………… 1
　一、研究的背景 ……………………………………………… 2
　二、问题的提出 ……………………………………………… 3
　三、研究开展的工作 ………………………………………… 4

第一章　新时代背景下高职院校思政课教师队伍发展需要 ……… 7
　一、新时代高校思政课教师的主要职责及使命担当 ………… 8
　二、高职院校思政课教师的准入门槛在不断提高 …………… 16
　三、高职院校思政课教师的社会影响力在提升 ……………… 18
　四、高职院校思政课教师队伍建设面临的"痛点" …………… 22

第二章　新时代高职院校思政课教师队伍建设的主要内容 ……… 25
　一、思政课教师队伍建设的"六要"指向 …………………… 26
　二、高职院校思政课教师队伍专业性建设的基本问题 ……… 33
　三、高职院校思政课教师队伍与职业教育契合度建设 ……… 44
　四、高职院校思政课教师社会服务能力的建设 ……………… 49

第三章　当前高职院校思政课专职教师队伍建设的现状 ………… 57
　一、高职院校思政课教师队伍的基本情况 …………………… 58
　二、高职院校思政课教师队伍建设的共性做法 ……………… 63

三、高职院校思政课教师队伍建设存在的问题及原因分析……… 66

第四章 新时代高职院校思政课教师队伍管理制度建设 …………… 71
　一、思政课教师管理制度的现实重要性 ……………… 72
　二、思政课教师管理制度建设的原则把握 ……………… 82
　三、高职院校思政课教师管理制度建设的基本现状透视 ………… 89
　四、高职院校思政课教师管理制度存在问题的原因
　　　分析及有效对策 ……………………… 96

第五章 新时代高职院校思政课教师教育情怀 ………………………… 103
　一、思政课教师教育情怀的基本定义、主要内容、重要性 ……… 104
　二、思政课教师教育情怀的生成机理、影响要素、判断依据 …… 114
　三、思政课教师教育情怀的整体审视 ……………………… 125
　四、思政课教师教育情怀培育的主要形式、主要路径、
　　　可优化的空间 ……………………… 131

第六章 新时代高职院校思政课教师队伍高质量发展的路径优化 ……… 157
　一、加强顶层设计，优化学校思政课教师队伍的制度建设 ……… 158
　二、加强校企合作，结合高职院校特色促思政课教师队伍建设 … 166
　三、强化师德师风，以促进教师德行为先的思政课教师素养提升 … 171
　四、其他可操作的具体建议 ……………………… 178

结语与展望 …………………………………………… 187

参考文献 …………………………………………… 192

后记 …………………………………………… 198

导 论

一、研究的背景

党的十八大以来，以习近平同志为核心的党中央高度重视思政课教师队伍建设，特别是在 2019 年，习近平总书记在学校思想政治理论课教师座谈会上提出"思政课作用不可替代，思政课教师队伍责任重大"[①]"办好思政课关键在教师，调动思政课教师的积极性、主动性、创造性"[②] 等重要论断，为强调思政课教师队伍建设提供了根本遵循。在这样的时代背景下，全国各地高校对思政课教师队伍的重视程度越来越高，成为学校的重点工作之一。

思政课教师队伍建设是至关重要的，它是推动思政课程体系建设的根本保障。思政课教师是党的理论、路线、方针、政策的宣讲者，对大学生进行思想道德教育和引导，培养他们成为德智体美全面发展的社会主义建设者和接班人。首先，思政课教师队伍建设可以提高思政教育的质量和水平。优秀的思政课教师具备高度的政治觉悟、扎实的专业知识和丰富的教学经验，能够引导学生正确认识世界、分析社会现象，增强学生的思想道德素质和综合素质。其次，思政课教师队伍建设可以促进大学生的全面发展和成长成才。思政课教师不仅是传授知识的人，更是引导学生形成正确的世界观、人生观、价值观的重要导师。思政课教师的悉心指导和言传身教，可以帮助大学生树立正确的思想观念和价值取向，培养他们的创新精神和实践能力，促进他们的全面发展和成长成才。最后，思政课教师队伍建设也是高校落实立德树人根本任务的重要保障。立德树人是高校的根本任务，而思政课教师是落实这一任务的重要力量。加强思政课教师队伍建设，可以提高思政教育的针对性和实效性，更好地发挥思政教育在立德树人中的作用，将思政课教师培养成为做学生为学、为事、为人的大先生。

总之，加强思政课教师队伍建设是高校教师队伍建设工作的重要组成

---

① 习近平. 思政课是落实立德树人根本任务的关键课程 [M]. 北京：人民出版社，2020：2.
② 习近平. 思政课是落实立德树人根本任务的关键课程 [M]. 北京：人民出版社，2020：25.

部分，是培养德智体美全面发展的优秀人才的重要保障。高校应该根据学校的师资情况采取切实有效的措施，加强思政课教师队伍建设，提高思政教育的质量和水平，为培养合格的社会主义建设者和接班人做出更大的贡献。

二、问题的提出

习近平总书记强调，"要配齐建强思政课专职教师队伍，建设专职为主、专兼结合、数量充足、素质优良的思政课教师队伍"[①]。思政课教师队伍建设的重要性不言而喻。但是，在思政课教师队伍建设的整体要求之下，不同高校之间的建设思路、建设要求、建设路径会有明显的差别。例如，本科院校和高职高专思政课教师之间存在共性，也存在不小的差异。对于绝大多数本科院校而言，思政课教师的准入门槛较高，一般需要博士学位，所学专业主要为马克思主义科学理论，在入职之前对其本身的教学、科研要求较高，在后期的培养上，投入的资源也较高职高专学校而言更多。

在全国三千多所高校中，高职院校占据半壁江山，也就意味着高职院校思政课教师队伍的规模庞大且其整体质量会影响思政课建设全局。如果再细分看，从高职院校这一群体本身而言，内部之间的差异也是相当之大。例如，发达地区高职院校的思政课教师与欠发达地区高职院校的思政课教师之间就存在巨大的差异。这些差异主要集中在哪些方面？思政课教师发展面临哪些困境？这些都是高职院校现实发展中必须面对和正视的问题。本书以新时代高职院校为主体，通过对高职院校思政课教师的整体现状、发展政策、发展路径、存在问题、优化路径等细化问题的研究，希望呈现真实、立体的高职院校思政课教师队伍发展群体画像，为新时代高职院校思政课教师队伍高质量发展提出优化路径，提高高职院校思政课教师专业素养，为更好地实现立德树人这一根本任务贡

---

① 习近平.用新时代中国特色社会主义思想铸魂育人 贯彻党的教育方针 落实立德树人根本任务[N].人民日报，2019-03-19（1）.

献思政课教师的力量。

三、研究开展的工作

本书获得广西思政课教师发展研究课题基金资助，在研究过程中得到了课题组成员的大力支持。根据研究要求，分别选取了广西、云南、宁夏、上海、湖南、黑龙江、河北等地区部分高职院校作为研究对象，了解高职院校思政课教师队伍建设的基本情况、存在问题、建设思路等。课题组依托全国高职高专思政课建设联盟成员单位的优势以及全国思政课结对共建高校的大力支持，顺利获得了课题所需要的调研数据和访谈材料。具体而言，主要采用网络问卷调查和电话、实地访谈调查的方法开展调研。为此，课题组根据研究内容编制了一份高职院校思政课教师队伍建设调查问卷和两份访问提纲，即高职院校思想政治理论课教师队伍建设现状调查问卷表、高职院校思政课教师队伍建设访谈提纲（普通教师）和高职院校思政课教师队伍建设访谈提纲（马院、思政部管理者），通过调查问卷和访问提纲收集一手资料。2022年8月至2023年12月，课题组在上述地区选择了近30所不同类型的公办高职院校进行调研，这30所高职院校涵盖了双高院校、骨干校、一般高职院校、专科院校、民办院校等。不同类型的高职院校；访问思政课教师、马院负责人60余人。从2023年12月开始，课题组根据调研数据和材料，进行数据的统计、分析、归档，整理出高职院校思政课教师队伍的总体情况，根据数据分析，找出影响高职院校思政课教师队伍建设的因素，并提出有针对性的改进路径。

总体来说，高职院校思政课教师队伍建设具有与本科院校一样的发展共性，同时也具备高职院校自身的特点。例如，和东部地区相比，西部地区高校在人才引进的财政支持力度上存在短板，这和地方经济发展水平有直接的关联；西部地区整体就业环境也存在一定的先天短板，在吸引人才方面存在不足。此外，人才环境、人才发展平台前景、人才适应力等问题也是本书关注的因素，这些都成为深入探究思政课教师队伍建设重要的影响要素，需要按照类型、特色、需要等子系统进行分析。只有利用系统理论去分析高职院校思政课教师队伍建设的整体画像，才能够客观有效地呈现高职院校思政课教师队伍建设的整体发展趋向，为进一步推进思政课教师队伍建设提供数据支撑和真实依据。

第一章

新时代背景下高职院校思政课教师队伍发展需要

思政课教师队伍建设是一项长期工作，在每一个时代都有不一样的建设要求。因此，从事思政课教师队伍研究工作，需要从当前时代的背景去理解和探寻思政课教师队伍建设的独特性。党的十八大以来，思政课教师队伍建设进入了快车道，思政课所属的机构、思政课教师数量的配比、思政课教师发展的政策等方面都得到了长足的发展和改善。从时代需要走向契合时代需要，思政课教师队伍建设正在经历最快速的发展时期，也实现了由弱到强、由零散到统一的质的转变，全国马克思主义学院（以下简称"马院"）逐步发展壮大，对思政课教师数量的要求也不断增多，给思政课教师发展带来了越来越多的机遇。

一、新时代高校思政课教师的主要职责及使命担当

2020年1月，教育部公布《新时代高等学校思想政治理论课教师队伍建设规定》，其中涉及思政课教师队伍建设应该实现的各项指标条件，明确思政课教师队伍的性质，并指出，"思政课教师是指承担高等学校思政课教育教学和研究职责的专兼职教师，是高等学校教师队伍中承担开展马克思主义理论教育、用习近平新时代中国特色社会主义思想铸魂育人的中坚力量"。也就是说，现在高校思政课教师队伍当中，还存在相当数量的兼职思政课教师，但随着1∶350（高等学校应当根据全日制在校生总数，严格按照师生比不低于1∶350的比例核定专职思政课教师岗位。公办高等学校要在编制内配足，且不得挪作他用）政策的不断完善，现在高校马院的兼职思政课教师数量在逐步地减少。

从2019年到2023年，近5年来，高校思政课教师队伍建设以数量建设为突破口，严格按照思政课教师与学生人数比1∶350的配备要求，对各高校提出明确数量要求和配备的时间表。根据时间表的要求，在各省内，会组织工作人员对思政课教师配比工作进行督导，并且将其作为重要的任务列入教育主管部门巡查考核点，这也从侧面说明了教育主管部门对高校思政课教师配比问题越来越重视，因此也成了思政课教师数量激增的有利条件。据教育部2022年初公布的数据，截至2021年底，高校思政课

专兼职教师超过12.7万人，较2012年增加7.4万人，比2018年增加5万多人，队伍配备总体达到师生比1∶350的要求，思政课教师队伍数量不足问题得到极大缓解。随着思政课硕博点的不断增多，高校培育的大量的思政教师后备人才也进入了思政课教师队伍。

学者张丽敏认为："使命是教师专业精神的最核心的层次，教师使命感越强，越能提供教师专业发展的动力。"[①] 思政课是落实立德树人根本任务的关键课程，思政课教师育人工作使命光荣，责任重大，这不仅是国家对思政课教师群体寄予的厚望，也是社会对思政课教师担当育人重任的肯定。从教师队伍专业发展角度去理解这个愿景，应该如何理解这个使命，如何看待这个责任？对于这个问题，可以回到思政课属性上看。在学校课程设置中，思政课更多肩负的是对学生科学世界观、人生观、价值观的培养，引导学生学习党和国家的理论知识，培养学生的家国情怀，引导学生坚定马克思主义科学信仰，坚持中国特色社会主义共同理想，成为有理想、敢担当、能吃苦、肯奋斗的新时代好青年，成为实现中华民族伟大复兴的接班人和建设者。既然党和国家对大学生的培养目标已经有明确的指向，那么作为思政课教师，必须按照既有的培养目标及方向上好思政课，而思政课的教学内容也将围绕育人的主要目标进行系统的设定，思政课作为落实立德树人根本任务的主渠道课程，必然肩负最重要的课程育人使命。

(一) 从差异化角度对高职院校思政课教师教学进行定位设计

思政课教师的首要任务是上好思政课，这是所有高校开展思政课教师队伍建设首要考虑的问题。从本科院校到高职院校，上好课是思政课教师站稳讲台，顺利获得教师自信的前提和基础。从本科院校到高职院校，所采用的教材都是经过教育部审核指定的专门教材，高职院校思政课教师并不会单独使用针对职业院校的思政课教材，也就意味着高职院校思政课教师所接受的教学任务有统一性的要求，必须按照教育部教材进行教学备课

[①] 张丽敏. 教师使命的内涵及特征探讨 [J]. 教师教育研究，2012，24 (6): 7-12.

和教学授课。大部分高职院校思政课教师都属于硕士研究生层次，博士研究生占比很少，部分民办高职院校和偏远地区高职院校依然招收思想政治教育专业本科院校毕业生作为思政课教师队伍的补充，与具有博士学位、博士后经历的教师对比，这些教师在授课的深度和广度上存在明显的差异，这也为高职院校思政课教师教学建设提出了现实问题——高职院校思政课教学何以建设？

不管如何，现实的问题已经出现，并且成为不可回避的"痛点"及"堵点"，要想不断提高思政课教师队伍建设的质量，必须将"上好思政课"作为高职院校思政课教师队伍建设的第一任务来抓，保证教学内容的准确性和政治立场的坚定性。高职院校思政课教师虽然和本科院校教师在综合能力上有一定的差距，但从客观辩证的角度看，高职院校思政课教师也具备本科院校教师不一定有的教学优势。从人的培养独立性和多样性角度出发，对高职院校思政课教师的培养，需要在统一性的规则之下，依据客观独立性和个人多样性去把握每一位教师的发展需求，将其优势与特点放大，走差异化培养之路。

一是激发高职院校思政课教师的教学活力。高职院校思政课教师的主要来源为硕士研究生，少部分学校将思政课教师招聘门槛放低到本科层次。从高职院校思政课教师的学历结构看，从事马克思主义理论教学并不是本科院校的优势，但是从人的精神状态和干事创业的情感而言，高职院校思政课教师往往具有比本科院校思政课教师更多样的教学活力，这个活力不仅体现在生理上的年龄优势上，更体现在对教学主要研究的热情上。学校晋升和评聘考核条件的差异化，使得本科院校更侧重于对思政课教师科研业绩的考察和学术能力的培养，以致本科院校思政课教师在科研"指挥棒"的影响之下不自觉地将科研摆在教学的前面，极个别学校还形成了科研高于一切的不合理的评价导向。随着本科院校对教学的不断重视，这样的状况有所改善，但是还未从根本上解决问题，重科研依然成为本科院校思政课教师自我认定的努力方向。从这个角度去分析，再回到思政课教师教学这个问题上，就可以理解高职院校思政课教师为什么拥有更强的教学活力。由于评价指标和培养要求的差异，高职院校思政课教师更多的评价指标与教学及实践有关，日常教学考评、教学竞赛、教学成果培育等占据了高职院校思政课教师绝大多数的时间和精力。对于这个群体而言，上好课，获得教学成果比科研更能体现出自身的价值。从这个逻辑而言，打造高职院校思政课教师队伍，要不断巩固这个队伍的教学活力、工作活力，从而弥补在学历和科研上的不足，将教学能力的提升和教学成果的产出无限放大，激发队伍活力和自信。笔者所在的学校马院对教师教学能力的训练和培育是系统而全面的，特别是重点挖掘年轻教师的教学潜力和教学活力，这种活力是一种对教学积极向上的情绪态度，是一种肯钻研教学的职业态度，是一种有情感地去实践教学新样态的奋斗态度。当教师的情感、态度都保持活力的时候，上好思政课将会事半功倍。

二是训练高职院校思政课教师教学的研究技巧。不管是在本科院校还是在高职院校，教学和科研本身就是两个重要的职业发展抓手，缺一不可。但是，"科研"这个词是相对比较宽泛的词汇。思政课教师就只能从事马克思主义理论（以下简称"马理论"）的文本研究和经典著作研究（学界将其称为纯理论研究）吗？显然，这个观点应该很多人不认可，对于高职院校思政课教师而言，从事马理论文本研究是基本功，但不意味着对其他问题的研究（诸如教学研究、学生研究、职业研究）就不是研究。"据对中国学术期刊网（CNKI）中 2019—2021 年全部思政课教学研究论文进行总体分析，筛除会议综述、书评、人物报道等无关或重复文献后，有关思政课教学研究论文 11 559 篇，其中 2019 年发表论文 3 726 篇，2020 年 3 869 篇，2021 年 3 964 篇，呈现不断增长的态势。"[①] 这意味着教学研究大有可为，特别是对于高职院校思政课教师而言，在研究经典没有太大优势的前提下，可以转向实践性更强的教学研究，将教学经验、教学方法、教学理论、教学过程、教学形态、教学情感、教学资源等作为研究的关键词，这可以成为高职院校思政课教师开展研究的主要方向，并且也容

---

① 余双好，田贵华. 五年来高校思想政治理论课建设的显著成绩和深刻变化［J］. 思想理论教育，2024（3）：4-10.

易产出教改成果。教学研究和理论研究存在明显的差异，教学研究需要以一定的实践经验作为基石，从实践走向理论；而纯理论研究更倾向于文本阐释、理论溯源、逻辑架构，其研究范式也需要实践，但和教学的实践存在方向上的差异。在教学研究上，首先，要从教法的源头对高职院校思政课教师进行训练，从教学的主要开展要素、实施要求等细小的方向上对高职院校思政课教师进行系统化学理分析。其次，要注重高职院校思政课教师教学研究的模仿和创新能力。引导高职院校思政课教师更多关注学界教学名师、优秀教师的教学文章，特别是关注全国思政课教学展示比赛、全国青年教师教学竞赛、教学创新大赛等思政课教师获奖选手的教案、教学分享、教学文章等，从模仿入手，不断地观摩、总结优秀教师教学优势，通过教学研究形成一般性的教学规律，将其内化为自己的教学心得。这样的做法至少能够让高职院校思政课教师，特别是刚入职、刚转岗的教师快速"上手"，集中精力去"啃"思政课教学研究的"硬骨头"。

（二）从职业发展需要明确高职院校思政课教师教学的重点提升方向

高职院校思政课教师在教学业务上大有可为。教学和科研一样，都需要长期的探索与实践。对于高职院校思政课教师而言，把握自身现有条件，弥补自身能力不足，需要从差异化方面重点突破。对于教学领域而言，短期内的"巧用力"可以做出很多特色业绩，实现"弯道超车"，获得职业发展的新动能。

一是巧用特色资源，打造具有鲜明特色的思政课教学。笔者多年分管马院教学工作，从现在观察的情况看，部分优秀的高职院校思政课教师在教学领域都有一个共性，即"教学特色鲜明"。高职院校教师队伍越来越庞大，从当前的情况看，每一个高职院校马院或者思政部都为了完成1∶350的配比要求，储备了大量的年轻思政课教师，少部分高职院校还出现了思政课教师过度的现象。那么，如何用好"富余"的思政课教师？在大环境之下，年轻思政课教师要从马院脱颖而出，展现教学引领性能力，创造引领性业绩，需要倾注大量的心血，并且具备一定的创新能力。在教学上创新，打造特色思政课是其中一个方面。这里所指的特色并不是教学中的"哗众取宠","肆意"建构新的教学形式,而是在遵循教学规律的前提下,针对本校学生的学情、本校育人特色、地方育人特色,在教学方法选择、教学内容选取、教学思路设计、教学成果呈现上有创新的具有教师本身特色的思政课教学。近年来,笔者参与多项教学任务的指导工作,也观摩了省内外的教学公开课,发现巧用资源可以让教学鲜活多样,呈现特色。例如,医学类职业院校的思政课教师深挖医学院校及地方医药育人资源,将医护工作者的职业精神、奉献精神融入教学;将医学创新领域的成果融入案例,打造具有医学类特色的高职院校思政课教学。笔者所在的学校是建筑类高职院校,建筑特色鲜明,我校思政课教师已经形成了建筑文化融入思政课的教学经验。例如:将建筑行业丰富的育人资源融入其中,打造具有鲜明建筑文化特色的建筑思政课,多项成果获得教改立项,多个教学作品参加比赛获奖;打造了一门鲁班课程,形成了建筑思政课系列微课、建筑思政课实践教学案例库等资源,特别是深挖广西红色建筑背后的育人精神、广西绿色建筑的创新精神等,成为我校马院思政课改革创新的一大亮点,也让很多年轻思政课教师找到了教学改革创新的亮点,帮助年轻教师形成特色教学。还有一些高职院校充分发挥丰富的民族文化资源,将其融入思政课教学,创造性地发展思政课教学新生态,也是努力的方向之一。

二是善用信息技术,打造线上线下混合式教学新样态。2023年1月召开的全国教育工作会议提出,"要大力实施国家教育数字化战略行动,推动塑造教育发展新赛道新动能新形态"。《教育部教师工作司2023年工作要点》和《教育部思想政治工作司2023年工作要点》都将高校思政课教师的信息化教学能力提升作为工作重点,要求高校思政课教师提高利用网络开展思想政治教育的能力。技术发展给教育带来了无限的可能,成为当前教育领域重点关注的对象。从教育革新教学形式的逻辑出发,可以看到,教学有了技术的加持变得更加多样、立体、生动,成为新的尝试方向。善用信息化技术并不是本科院校和高职院校在思政课教学上的本质区别,也不可能成为高职院校思政课独有的特色和新样态,只是从接受度和掌握度来看，高职院校思政课教师更有精力去研究信息化技术，更有热情去钻研信息化教学、混合式教学。特别是现在思政课教师去参加思政课教学比赛，都深有感触，比赛要求和评分标准都会明确提到使用信息化教学手段，考察教师信息化教学能力和效果。例如，第三届全国高校思政课教学展示活动思政课教学竞赛单元评审参考标准就明确要求"综合运用现代信息技术手段，增强课堂教学的生动性、吸引力"，从历年来参赛的作品来看，信息化技术已经不再是"新鲜事"，而是常态化的教学设计要素。作为职业院校思政课教师，要主动向"技术"要能量，向"技术"要新意，研究如何建构适合当前高职院校学生需要的混合式课程，提高学生上思政课的抬头率、参与率，不断增强高职院校思政课教学的鲜活性和实效性。同时，目前也要反思一个问题，即部分高职院校思政课教师"滥用技术"，为了上课时"少讲"或"不讲"，大量选用在线视频，或用技术手段开展互动，长时间地将教学精力和时间消耗在技术使用上，导致思政课课程本身的理论知识少讲、讲不透、讲不深，教学只是停留在一片"热闹"的表层之上。技术使用之后能够留下多少高质量的讲授记忆，成为教育管理者和教师本身要思考的现实问题。

三是紧跟时代趋势，打造融入职业院校特色的"大思政课"。习近平总书记在中国人民大学考察时指出，"'大思政课'我们要善用之，一定要跟现实结合起来"[①]。大思政课是当前思政课教学实施与研究的热点话题，学术界针对"大思政课"的理念阐释、理论分析都已经作出了大量的贡献，思政课教师针对"大思政课"开展教学改革已经有了深厚的理论根基。现如今，需要深挖"大思政课"资源，打造高质量"大思政课"，使之成为思政课教学改革的"金字招牌"，实现立德树人这一根本任务。不管是职业院校的"大思政课"还是非职业院校"大思政课"，在本质上是一样的，都是育人的形式的创新，对于高职院校思政课教师而言，需要根据学校本身的特点特色和资源独特性去架构和创新"大思政课"，可以从

---

① "'大思政课'我们要善用之"（微镜头·习近平总书记两会"下团组"·两会现场观察）[N]. 人民日报，2021-03-07（1）.

教学资源的稀缺性、教学形式的独特性着手。例如，借助学校专业实训资源、专业课教师资源、学校行业资源建设行走的思政课等，而高职院校则可以将丰富的民族文化资源融入"大思政课"建设，从民族团结进步的角度赋予高职院校"大思政课"更深厚的价值引领力。

(三) 高职院校思政课教师教学面对学生的特殊性

高职院校思政课和本科院校思政课在教学内容上是一样的，但在具体的教学过程中，对学生能力的要求还是存在一定的差异。事实上，这就引出了一个现实问题，即高职院校学术的特殊性，以及对思政课教师教学产生的影响。课题组对多个高职院校及本科院校思政课教学进行调研，在分析调研数据和访谈资料的过程中也明显发现不同层次的学校在开展思政课教学过程中存在的差异。

一是高职院校学生基础理论知识的掌握能力相对较弱。在开展思政课教学过程中，高职院校思政课教师普遍反映一个共性问题，就是学生对基础理论的掌握能力和理解能力相对较弱。这从一定层面上反映出学生在初高中阶段对政治课程学习消化的能力还不强，整体上呈现出政治基础理论知识的欠缺。例如，在初高中阶段，政治课程已经开始了中国特色社会主义理论知识的初步学习，对党的领导、中国政治制度的基本常识进行了基础普及，但学生对理论知识的掌握明显滞后，教师在授课过程中又不得不回到初高中阶段进行基础知识的"补习"。

二是高职院校学和一更关注课程内容的实用性。思政课是落实立德树人根本任务的关键课程，更注重对学生世界观、人生观、价值观的塑造，更强调价值引领性。思政课虽然以思政知识的传递为基础内容，但绝对不是技能培训课程，也不是简单的知识性课程。部分高职院校学生在认知上存在误区，他们侧重于和专业课的知识性、技能性属性进行对比，进而简单地将思政课归类为"无用"课程。从这一层面来看，思政课教师所面对的学生群体对于课程本身的认识存在较大误区，需要思政课教师从价值引领的角度去扭转学生对这门课程的"偏见"。此外，部分学生关注课程的"实用性"，在价值选择上轻视思政课程的学习，这也是高职院校思政课教师普遍觉得课程难上的原因。从更深层次来看，这是社会"实用经济"价值观给学生带来的负面影响。对于部分学生而言，存在这样的价值误区："专业课可以用来提高就业机会，难道公共课、思政课能帮助就业吗？"这样的错误认识一定程度上影响了学生对于思政课的价值判断，进而影响其行为选择。

三是高职院校思政课教学要深耕学生专业特色。高职院校思政课和本科院校思政课一样，面对不同专业的学生会有不同的教学方式、教学手段。考验教师的教学能力，要做具体、合理的学情分析，这也是上好思政课的关键之处。学情分析的一个步骤便是分析学生的专业特性。有思政课教师可能会问：学生学什么专业对于政治性强的思政课而言有那么重要？很显然，这些老师还仅局限于以思政课内容讲述思政课，以思政课教师的想法去替代学生的真实想法。对学生专业的了解不仅是了解学生的首要前提，也是为了更好地体现思政课的适用性，即培养符合学生未来职业发展需要的人文素养，简而言之便是回应学生，上好思政课可以为以后踏入职场加持什么样的思政力量。因此，为了提高学生上课的积极性，增强思政课育人的鲜活性和实效性，思政课教师有必要从学生的专业学情分析入手，去探寻学生感兴趣的内容，通过创造性加工传化，将教材体系转化为符合学生专业特性的教学体系，一来从价值判断上引导学生认识到思政+专业是可以融合建构的；二来也让思政课教师从学生专业发展的需要去审视教学中的"满堂灌"，从而减少与学生的距离感。为了增强高职院校学生的专业归属感，在选择和学生职业发展相契合的案例过程中，要掌握教学规律，不能为了契合学生职业发展特点强行融入，也不能只是生硬地"搬运"，缺少对学生专业发展的深度了解。

二、高职院校思政课教师的准入门槛在不断提高

随着国家对思政课越来越重视，对思政课教师群体的要求也越来越高。随着国内双一流高校对思政课专任教师准入门槛的提高，越来越多的高校也开始制定符合本校实际情况的招聘细则和准入机制，从源头上提高

思政课教师队伍的整体质量。这也就是为什么社会上会出现"思政课教师需求大与难招聘"之间的矛盾，即部分马院按照1∶350的配比是不符合实际思政课教师配比要求的，但是在招聘专职思政课教师过程中对思政课教师的要求特别高，导致招到的教师很少。

（一）对思政课教师需求大，但很难招聘到符合学校要求的教师

对于这个问题，要从思政课教师的基本要求出发去思考。随着国家对思政课教师队伍整体数量需求的增加，1∶350的规定让很多学校开始"匆忙"地制定招聘需求，从一开始的放宽条件到现在的收紧数量，从侧面反映出高校在响应这一政策过程中产生的"阵痛期"，这个"阵痛期"也反映出高校一方面希望招聘到真正适合上思政课的教师，另一方面也传递了思政课教师队伍准入门槛在逐步提高的信息，这对于马理论专业毕业生就业属于一个信息源。

事实上，从部分高校调研获取的数据看，面对量的要求，一味地放宽条件并不能满足对思政课教师本源上的需求。这个本源需求是基于思政课的特殊性而确定的：思政课教师要有坚定的政治立场，要有扎实的理论功底，要有教学需要的综合素养等。单纯从思政课理论讲授这一基本要求看，思政课教师就需要深厚的理论学术研究功底，也需要精于教学研究，看似要求简单，实则筛选过程中会有很大的弹性空间。随着高质量思政课教学理念逐步深入高校顶层设计的"圈层"，从单一学科属性就获得教师身份的时代已经一去不复返，取而代之的是越来越"卷"的要求与越来越慎重的招聘考核。从求职者的立场出发，这无疑加剧了就业压力；对于学校而言，这无疑是从源头上控制了准入门槛，从根本上提高了对思政课教师队伍整体实力的要求。

（二）思政课教师专业性和门槛之间的必然关联

思政课教师是否需要专业性？这个看似"不专业"的问题，道出了部分高职学校在思政课选人用人方面存在的思维误区。高职院校招聘思政课教师，或者对校内部分教师转岗至马院都存在一个共性，即提高思政课教师准入的专业门槛。部分高职院校马院思政课教师名录中会有部分与马理

论专业紧密度不高的专业存在。例如，教育管理学、行政管理学等。对于部分管理者而言，他们侧重于关注思政课教学的师资配比率的完成，在降低招聘成本、缩短时间的客观背景下，放宽了思政课教师队伍的准入条件。但从目前队伍建设的实际情况看，非马理论专业的教师在知识储备、备课、上课过程中表现出来的专业性与有马理论专业背景的教师相比还是有一定的差距，虽不排除存在个别教师通过自学、后期培训可以达到专业度上的提升，但是整体上的教师质量在短时间内仍难以提升。基于此，高职院校在招聘思政课教师过程中不断提高人才准入门槛，提高了对人才质量的要求。例如，广西某地高职院校在招聘思政课教师过程中，学历层次上要求具有硕士研究生学历，但必须毕业于双一流高校；还有部分"国家双高"高职院校已经进行结构性调整，减少对硕士研究生学历教师的招聘，转向博士研究生，对高层次人才的要求在逐步地提升。可以预测，在未来几年，这样的趋势只会越来越明显，其导致的后果便是马理论毕业的学生在就业过程中面临的准入门槛只会越来越高，要求的成果也会越来越多。

三、高职院校思政课教师的社会影响力在提升

"形象"是一个多层次的概念，既指代事物的存在状态，也指代人对事物的主观印象[①]。我们常说，教师是天底下最光荣的职业，肩负起育人的时代重任，其社会形象是光辉而具有社会认可度的。通常来说，教师社会形象是指教师在社会中的形象、角色和影响力的综合评价。这一形象是由教师的道德品质、专业水平、教育教学能力、社会影响力等多方面因素共同塑造的。正如龙小农在其著作《从形象到认同——社会传播与国家认同建构》一书中所说，"公众形象是人类思维在信息作用下的产物"，对于思政课教师而言，其社会形象及影响力关乎外界对思政课教师队伍的整体影响。学术界对于思政课教师形象的研究不是很多，主要散见于对思政课

---

① 冯刚，杨小青，张智．新时代高校思政课公众形象塑造的理论探赜［J］．中国远程教育，2023（6）：73-78.

教师"六要""四有好老师"等素养的论述，也侧面反映出了思政课教师的形象主要和自身的综合素养要求息息相关。随着高校思政课教师的社会影响力不断扩大，越来越多的毕业生向往成为一名高校思政课教师。经过调研发现，大家的关注点如下。

（一）对教师师德品行的关注

首先，教师的道德品质是其社会形象的重要组成部分。这包括教师的职业操守、道德观念和行为规范等方面。不管是本科院校还是高职院校，一个具有良好道德品质的思政课教师，不仅能够为学生树立榜样，还能促进社会的文明进步，这也是家长甚至整个社会对教师形象的首要肯定要素。没有良好的道德品质，就不可能引领道德价值，也就不能成为学生学习的榜样。

其次，教师的专业水平也是塑造其社会形象的关键因素。这包括教师的教育背景、学术水平和科研能力等方面。教师的专业水平直接关系到其教学质量和教育效果，因此，一个具有高水平专业知识的教师，往往能够获得学生和家长的认可和尊重。这也反映出教师的教学专业度是育人的重要的核心竞争力和支撑力，没有教学专业能力的加持，教师就无法通过专业的知识传授引导学生正确地看待思政课铸魂育人的功能。

再次，教师的教育教学能力也是其社会形象的重要体现。这包括教师的教学设计、教学实施和教学评价等方面。一个能够有效地传授知识、激发学生的学习兴趣并引导他们积极向上的教师，往往能够获得学生的喜爱和家长的信任。

最后，教师的社会影响力也是其社会形象的一个重要方面。这主要体现在教师对社会问题的关注、对教育改革和发展的参与以及对学生价值观和人生观的引导等方面。一个具有强烈社会责任感和担当精神的教师，不仅能够引导学生树立正确的价值观和人生观，还能够积极参与社会公益事业，为社会作出积极贡献。

综上所述，教师社会形象是一个多维度、综合性的评价，需要教师在道德品质、专业水平、教育教学能力和社会影响力等方面全面兼具。只有这样，教师才能真正成为学生们心目中的楷模和引路人，为社会的文明进步和发展作出积极贡献。

(二) 高职院校思政课教师自身形象的建构

高校思政课教师自身形象的建构包括自我职业认同的形象建构、外界对思政课教师本身形象的要求。作为思政课教师，其独立性本身所指向的是对自身职业的一种认可和"经营"，也就是从内在的要素去建构出符合社会期待的思政课教师形象。整个形象不仅是自我塑造的个体形象，也是代表着整个思政课教师共性的形象特质。

从思政课本身对自我职业的认可及建构出发，其本质上所展现的是教师本身职业的自我归属感，这也是绝大部分从事思政课教学工作的人员首先关注及认可的要素；从思政课自身形象建构的社会指向来说，社会大众对思政课、思政课教师主体本身的主要形象认可决定了高校思政课教师自我形象的认可，是相互关联的耦合关系。就目前而言，高职院校思政课教师自身形象的建构，可以从教师面对教学对象的接受心态及学校对其本身的重视程度窥探。现如今，高等学校的划分，让部分高职院校思政课教师存在"自我矮化"的职业心态。例如，"高职院校不像本科院校，需要做研究，做学问""高职院校学生学习能力不强，无教学成就感"，"部分竞赛及课题申报对高职院校思政课有限制，没有动力"，等等。受现实客观因素的影响，部分高职院校思政课教师存在"自我否定"的边缘心态，影响了其干事立业的主动性，这本身对于维护思政课教师群体社会形象具有现实梗阻的反作用效果。但是，高职院校思政课教师在建构自我形象过程中还遇到"矛盾体"：社会偏见"阻梗"与职业形象的国家需要之间的矛盾。这里所提到的职业形象的国家需要是基于思政课教师本身就是立德树人关键课程的主要承担者，需要通过不同的思政课程，从不同角度、不同方面展示中国共产党及其领导的革命的伟大之处，其中涉及道路选择、制度选择等重大关键理论问题和现实问题，这些问题是思政课教学必须回应而且需要科学回应的，从回应中展现国家形象，也间接展现思政课教师本身的专业性形象。所以，只有从这一层面去思考高职院校思政课教师自我形象建构的基本立场与矛盾，才能更好地对整个教师队伍进行有效建设，从自我职业认同出发，不断提高队伍的整体素质。

(三)"经师"和"人师"源于对职业形象的认同与坚守

习近平总书记指出："培养社会主义建设者和接班人，迫切需要我们的教师既精通专业知识、做好'经师'，又涵养德行、成为'人师'，努力做精于'传道授业解惑'的'经师'和'人师'的统一者。"① 对"经师"和"人师"社会价值的判断，体现于教师本身对崇高价值追求的认同，这种认同强调的是一种集体主义的需要，即教师培养人的需要。

思政课教师本身是马克思主义理论的传道者。从历史唯物主义来看，马克思主义是人民的理论，其价值追求在于为人民幸福、民族复兴和实现共产主义而奋斗不息。作为思政课教师，如果只是专注于职业本身的"授业""解惑"，而缺少"传道"的使命担当，也就不能将其定义为"称职"的思政课教师。在现实生活中，像张桂梅、黄大年等时代楷模，无不体现出"人师"的共同点，以德立身、以德立学、以德施教，通过言传身教将党倡导的初心使命、崇高价值播撒开来，塑造了当代人民教师的良好形象和感动中国的光辉榜样。

"学高为师，身正为范。"广大教师特别是思政课教师要做"经师"和"人师"的统一者，成为信仰和践行新时代党的创新理论的模范，必须坚持传道者自己要先明道，教育者自己要先受教育。特别是要将党的创新理论融入思政课教学，实现理论与实践的有机统一，不断增强思政课教师自我教育的内核驱动力，增强从事思政课教学的自觉担当，在教书育人的过程中，时刻谨记自己是一名光荣的人民教师，从事的工作是为党育人、为国育才，担负的是神圣使命。在自我成长的道路上，要时刻铭记和践行"政治要强、情怀要深、思维要新、视野要广、自律要严、人格要正"的要求。特别是要将"六要"的基本要求转换为前进的动力，以自我要求的实现恪守教师的基本要求，通过修身实现潜心治学，扣好学生人生的第一

---

① 习近平在中国人民大学考察时强调坚持党的领导传承红色基因扎根中国大地走出一条建设中国特色世界一流大学新路[N].人民日报，2022-04-26(1).

颗扣子。

推动思政课改革创新要坚持"以透彻的学理分析回应学生，以彻底的思想理论说服学生，用真理的强大力量引导学生"①。高职院校思政课教师要从区域的特殊性出发，讲好中国共产党维护民族团结进步的时代故事，通过理论讲授和实践探究，让学生增强维护民族安全的重要性，营造民族团结的良好氛围。此外，基于共性要求的思政课教师还要用心、用情上好思政课，不断拉近师生的情感距离，让思政课教师的授课展现出教师内心的热情，表现出基于信仰的真情，让马克思主义的真理之光照亮学生前进的道路，不断扩大马克思主义的传播范围，让学生成为坚定的马克思主义者。

四、高职院校思政课教师队伍建设面临的"痛点"

高职院校思政课教师队伍既有高校的共性特点，也有属于高职院校的特殊性。随着国家对思政课越来越重视，大部分高校都将思政课作为学校的重点学科来建设，将马院作为重点学院来扶持，部分优质高职院校亦是如此。但是从现实发展的特性看，理想与现实之间是一对"应然"和"实然"的矛盾，"应该是这样"和"实际并不是这样"成为关注的焦点，导致高职院校在处理教师队伍建设过程中也面临诸多"痛点""难点"。

（一）专业性建设，从源头着力的"无奈"

思政课不是谁都能上好的课程，这已经成为高校领导和大部分教师的共性认知，其中"专业性"成为思政课教师队伍建设重点关注的核心指向。习近平总书记指出："思政课教学涉及马克思主义哲学、政治经济学、科学社会主义，涉及经济、政治、文化、社会、生态文明和党的建设，涉及改革发展稳定、内政外交国防、治党治国治军，涉及党史、新中国史、改革开放史、社会主义发展史，涉及世界史、国际共运史，涉及世情、国

---

① 习近平. 思政课是落实立德树人根本任务的关键课程［N］. 人民日报，2019-03-18（1）.

情、党情、民情，等等。这样的特殊性对教师综合素质要求很高。"[①] 基于此，对思政课教师的"专业性"展开源头建设十分重要，在学历要求上，部分高职院校思政课教师招聘以硕士研究生学历为主，少部分民办高职院校以本科学历为主，从一定程度上反映出高职院校教师队伍学历不高，间接上也反映出其专业能力还有较大的提升空间。从社会就业环境的整体氛围到招聘过程中对高层次人才的吸引力两个维度看，高职院校整体上难以吸引高端人才，在满足思政课教师配比过程中不得不按照学校实际情况进行"柔性"处理，即吸纳非马理论专业的人才进入思政课教师队伍，从而使得整体教师队伍的专业性大打折扣，这也为后续马院完善教师队伍埋下了隐患，以致后续教师培养中要投入大量的精力去提升非马理论专业教师的马理论专业素养。现在，部分高职院校马院不得不投入大量时间、精力去评估教师队伍的专业能力，在教师队伍"专业性"的建设上增加了整体建设的时间成本。

（二）高端人才需求，从"失落"到"期盼"的持续

虽然高职院校和本科院校在思政课教学的实际开展中确实有一定的差距，但是在高端人才的需求上，高职院校选择"突出重围"式的路径，以高薪、高福利等条件不断吸引优秀人才从本科院校下移。这样的"人才争夺战"，在过去十年，甚至更早一些年份是几乎不存在的现象。在过去，硕士都还是高层次人才的时代，博士更是稀少且珍贵，几乎很少有博士会将去高职院校就业作为第一选择或者主要选择，高职院校即使用尽"招数"也难以吸引博士入职，从而产生一种"失落"现象，其中的原因既有历史问题，也有现实供需矛盾的问题。如今很多高职院校在物质实力和人文关怀上都为高端人才开出了极具诱惑的"条件"，现在博士等高端人才加盟高职院校已经不再是什么新鲜事，在北上广深等一线城市，甚至在很多省会城市都已经成为很正常的现象。这样的变化一来得益于博士培养规模的不断扩大，二来得益于高职学校在待遇福利、就业环境、政策扶持等

[①] 习近平.思政课是落实立德树人根本任务的关键课程［N］.人民日报，2019-03-18（1）.

方面都形成了比较优势，职教赛道成为高端人才的第二个选择。因此，高职院校抓住了当前思政课后备人才储备较多的时代红利，通过各种方式大量招聘、储备高层次思政课教师人才。

（三）维护队伍稳定性，从"流入"到"流出"的变化

近年来，高职院校对年轻思政课教师的培育投入不断加强，随着高职院校就业环境的持续改善，筑巢引凤效应也在持续增强。但是，随着思政课高端人才的加盟，高职院校在思政课教师队伍建设方面也面临另外一个矛盾——"流入"增多的同时也有部分教师"流出"，即部分高职院校的人才流失现象开始出现，这不得不引起马院管理层甚至是学校管理层的关注。笔者在走访中发现，部分博士签约后不到三年就选择毁约"出逃"，还有的年轻教师在考上博士之后也选择"离巢"。从一般性的要素去分析，既有待遇福利的原因，更有对个人成长环境的更高需求的原因。一边是大力地招聘博士教师，一边是本校自主培养的博士或者副教授、教授"离巢"。从人才自由流动的角度看，这倒也不是极端的现象，但也需要引起管理层的关注。为了更好地了解和掌握这一现象，高校管理者必须对人才需求进行多维度分析，从中探究原因。例如，是不是部分自培博士没有享受外引人才的安家费等福利？是不是高职院校这一平台限制了本校人才的后续发展？这都需要管理层进行调研分析，制定合理的政策去解决这一问题，并完善制度安排，避免高层次人才的渐进式流失。否则，高校在吸引人才和留住人才的两难困境中，必然产生更大的矛盾和教师队伍建设的危机，进而影响教师队伍的稳定性。

第二章

新时代高职院校思政课教师队伍建设的主要内容

高职院校思政课教师队伍建设和本科院校层次思政课教师队伍建设既有共性，也有职业教育学校独特的个性需要。对于马院管理者而言，明确思政课教师队伍建设的主要内容及着力点是前提，也是基础。那么，如何明确思政课教师队伍建设的主要内容？可以从三个方面着手：一是认真学习领会习近平总书记关于思政课建设的重要论述；二是对标国家对思政课教师的整体发展要求，也就是对标教育部关于思政课教师队伍建设的相关文件；三是对标职业院校师资队伍建设相关政策要求。

一、思政课教师队伍建设的"六要"指向

2019年3月18日，习近平总书记在全国学校思想政治理论课教师座谈会上强调指出："办好思想政治理论课关键在教师，关键在发挥教师的积极性、主动性、创造性。"[①] 习近平总书记对思政课教师提出了六个方面的要求，即"政治要强""情怀要深""思维要新""视野要广""自律要严""人格要正"。这"六要"是党、国家、人民对思政课教师群体本身职业素养及使命担当的要求，也是各高校马院建设思政课教师队伍应该把握的关键要素。

（一）思政课教师肩负的是育人的使命担当

过去，部分人对思政课教师群体带有"偏见"，认为思政课教师是学校最轻松的教师群体，觉得"谁都能去做思政课教师"，"谁都能上思政课"。这些错误的想法和偏见对思政课教师群体而言是一种对自身专业性的"轻视"，也是对思政课教师形象的一种"贬低"。如果过去对这个群体存在个别的偏见是因为历史及现实存在的复杂原因导致的，那当前对于思政课教师的重视程度已经有力地破除了社会对思政课教师的偏见。

思政课是落实立德树人的关键课程，思政课教师群体又是关键中的关键。过去存在对思政课教师的偏见是社会不重视的结果，现如今如果还存在这样的想法，势必要深刻反思：社会群体对思政课教师职责与思政课教

---

① 习近平.思政课是落实立德树人根本任务的关键课程［M］北京：人民出版社，2020：10.

师队伍建设是否有充足的认知？从教师职业分工的角度看，思政课教师是一个带有教育共性的教师职业分类，这是从客观事实出发对这一问题的直接判定。但是，社会分工产生的职业必然带有社会发展的要求属性，也就意味着职业门槛及职业要求的存在是其发展的必然。"六要"既对思政课教师群体提出了职业发展要求，也为思政课教师队伍准入设定了基本门槛。对于那些缺乏家国情怀，自律性差，人品存在问题的人而言，这个职业并不适合他，也就意味着他不符合思政课教师岗位需求。从这一逻辑看，就确证了"思政课并不是谁都能上"这一逻辑，也就回应了思政课教师选拔的重要性。对于"六要"，学界已经从理论逻辑、历史逻辑、现实逻辑等层面论证了重要性和必要性，本书不再赘述。

思政课教师"六要"是职业担当的一般体现。思政课和其他课程一样，是以知识性为前提和基础的课程，需要向学生宣传党和国家的最新政策、理论，培育学生家国情怀，增强学生的民族自信。从显性逻辑分析，"六要"是指在党和国家领导下，全国各族人民团结奋进，增强对伟大祖国的认同，对中华民族的认同，对中华文化的认同，对中国共产党的认同，对中国特色社会主义的认同。从"政治要强"上便体现出思政课教师职业素养的第一个关键便是在对国家、民族的认同上要保持与中央一致，要坚定马克思主义科学信仰，要坚定"四个自信"，这便是对思政课教师职业政治站位的第一个考量，也是我们常说的"让有信仰的人讲信仰"，而这里所指的信仰便是共产主义的科学信仰。此外，"六要"还涉及情怀、思维、视野，即对思政课教师自我成长的方向要求。例如：要成为有担当的思政课教师，必须有仁爱的教育情怀；要成为优秀的思政课教师，就要在思维上推陈出新，要有教育革新的睿智和实力；要在创新中树立职业自信，必须有大局观的视野，要有国际视野，要有使命视野。这些都是在"六要"基础上细分出来的要求。总而言之，要成为有担当的思政课教师，就要基于"六要"的具体要求，增强自身的综合素养。

（二）思政课教师是一个充满情怀的职业

"六要"提到的"情怀要深"是重要的教师素养。从心理学的角度看，情怀是人对于职业或者自身从事工作的一种积极的自我状态，往往展现的是一种超越一般物质需要的奉献精神。从横向对比看，其他专业课程的教师有没有情怀？答案显然是肯定的，教师队伍本身就是一个应该具备情怀的队伍，教师本身就是一个充满育人情怀的职业。然而，回到现实考量，是不是每个教师都有情怀？每个教师的情怀深度是否一致？这才是我们应该关注的问题。

从教育者的角度看，情怀是从事教育行业必备的素养之一，也是育人所需要的情感要素。充满教育情怀的教师会有一种育人责任感。在社会快速发展的当下，价值观的变化也在影响着人们对于教师这个职业的思考。有些人存在对教育这个职业的价值误判，认为教育就是一种简单的社会分工，不需要额外赋予其另外的"神秘感"或者所谓"神圣感"。这也导致了部分从教人员"到点上班，到点下班"，没有对教育这个职业倾注过多的情感，只是将其作为谋生的工具，存在"给多少钱办多少事"的自我心理暗示。这些极个别的现象也反映出一个现实问题：思政课教师队伍中的个别教师会不自觉地用物质利益来衡量其从事的育人工作，如果只是简单地用经济学的工具来衡量，那必然得出"个体对教育行业的情怀认同度低"这一结论。

从心理学的角度看，充满教育情怀的教师会有一种获得感，这是教师普遍感受到的一种精神力量。但是，从事教育行业的获得感从何而来？这是很多教师思考的问题。作为教育工作者，是工资福利带来的获得感强，还是培育国家需要的人才获得的成就感强？这是对不同阶段教师获得感自我体验的思考。对于刚入职的年轻教师而言，其更在意单位的福利、工资等物质收益对于自身职业的获得感；而对于中青年骨干而言，其更看重职业的精神获得感，而精神获得感是从教师职业育人成才的肯定中获得的，是物质无法给予的；对于大部分老教师而言，"桃李满天下"是其育人的最终追求，是其最大的能效获得感的源泉。所以，不区分年龄和职场年限而简单地理解获得感，必然受困于思维的局限，无法从精神本源理解情怀对于获得感的支撑力。

从社会的角度看，充满教育情怀的教师会有一种主动的奉献力。社会对教师的赞美和肯定是基于教师从事育人工作的无私奉献，是普通大众对教师的一种育人期待。对于教师而言，这种期待则转化为一种育人行为的奉献力，成为其职业动能之一。从情怀的源头到精神的力量加持，再到转化为奉献力，这展现了职业发展的情怀在动力加持下持续演进的过程。

总而言之，情怀会让教育工作者的职业充满动力，这也是思政课教师在教师属性上更应该体现出的职业属性。

(三) 思政课教师体现出人格要正的魅力

"人格要正"是思政课教师重要的职业品质。在教学过程中，思政课教师要体现出高尚的人格品质，并以此感染学生，引导学生成为品格高尚的社会有用人才。王向明教授在《光明日报》发表的文章《思政课教师"人格要正"如何体现》指出："'人格'，是指一个人的道德品质、性情、气质和能力等内在特征的总和，由此展现出的人格形象也就成为一个人总体的内在品格的外在表达。"在大学生人格的形成过程中，高校思政课教师的人格形象的感染及示范作用具有重要的参考意义。思政课教师的人格魅力主要体现为政治人格、职业人格、道德人格、情感人格等维度，并综合形成教师整体的人格形象。

一是政治人格。思政课教师的政治人格是其他人格的首要前提，也是判断思政课教师政治立场首先考虑的关键要素。政治人格主要考察教师工作及生活中表现出来的政治立场、政治态度、政治倾向。这必然要求思政课教师面对不同价值观时保持正确的社会主义核心价值观立场，抵御各种错误思潮对社会主义主流意识形态的侵蚀；在市场经济的复杂形态中保持社会主义制度自信，用正直的教师形象引导学生认识中国特色社会主义制度的优越性，了解马克思主义指导思想的科学性，从而掌握必备的政治素养。

二是职业人格。职业人格主要指向思政课教师所具有的教师群体的职业共性，以及区别于其他课程教师的独特的职业属性。这里更多地指向作为高校教师应该兼具的共性人格魅力。从深层次的逻辑而言，职业人格是对个体在职场上处事行为及态度的形象支撑力。没有职业人格，何谈职业形象？在日常工作中，我们经常谈论一个人的职业素养，其在很大程度反映出职业人格的内在品质。这种内在品质涉及的要素较多，涵盖职业底线、职业气质、职业德行等，和职业道德之间既有必然的关联性，也具备相对应的独立性。具有强烈的政治意识，树立崇高的理想信念，坚持中国特色社会主义信念，这些要素是对思政课教师职业人格的基本要求。

思政课教师的职业人格体现在哪里？从现实性上看，体现在思政课教师对自己专业的认可和维护具有坚定性，这是思政课教师基本人格的立足点。在现实中，有极个别思政课教师会觉得马院思政课没有专业性，对思政课教师岗位存在错误性理解。如果思政课教师也对马院思政课的专业性产生怀疑，进而被这种错误的观念误导，就会对自我职业人格产生怀疑，必须予以纠正。反之，思政课教师应该聚焦于对马院思政课的专业性的认可，积极纠正错误的认知，在课堂内外展现出思政教师的职业自信，展现思政教师积极教学、关爱学生、担当有为的职业人格形象。

三是道德人格。习近平总书记强调："好老师要有'捧着一颗心来，不带半根草去'的奉献精神，自觉坚守人格底线，带头弘扬社会主义道德和中华传统美德，以自己的模范行为影响和带动学生。"[①] 从教师行业的道德实践而言，不管是正向道德还是反面道德，都会对学生的德行养成产生重要的影响。从人的相处模式及环境影响来看，教师面对的是价值观正在塑造过程中的学生群体，其道德观势必会受到课程教师的行为影响。思政课教师作为立德树人关键课程的主要群体，其除了具备一般教师所具备的道德品质要求外，还要有更强的道德感和道德行为模范行为，以此感化和引导学生"见贤思齐，见不贤则内自省"，做好道德价值观的引导作用。

"学高为师，身正为范"是著名教育家陶行知先生的人生格言，也是对教师这个行业形象的生动诠释和教师道德行为的高度概括。高校思政课

---

① 习近平. 做党和人民满意的好老师 [M]. 北京：人民出版社，2014：7.

要建设成为学生"真心喜爱，终身受益"的课程并非易事，从这个维度的要求就可以看出要让学生真心喜爱这门课程，就要有学生喜爱的思政课教师，而品行高尚、具有良好德行是大家喜爱的教师的特征之一。此外，思政课也要求思政课教师具备能够引导学生崇德向善的能力。习近平总书记指出："培养时代新人，重中之重是要以坚定的理想信念筑牢精神之基。"[①]思政课教师要肩负培养时代新人的育人重任，这必然要求教师具备坚定的共产主义远大理想，对中国特色社会主义坚定的信念；要有爱生如子、热爱教学的道德情感，这是思政课教师增强职业自信，涵养良好师德师风的关键要素；要有严谨治学的态度、求真务实的品格及敬业奉献的精神等。高校思政课教师不仅进行马克思主义理论知识的教学，还需要从事教育教学研究工作，而严谨的治学态度也是良好德行的重要表现。对于高职院校思政课教师而言，科研往往是其短板，对于科研存在轻视及"走捷径"的心态，科研反哺教学的能力不足，这都限制了高职院校思政课教师的治学成效。此外，高职院校的招生分数普遍比本科院校低，这就要求思政课教师在学生认知和行为习惯的引导过程中有耐心、信心和关爱之心，这也是对高职院校思政课教师敬业奉献精神的考量及现实要求。总的来说，高尚的道德人格是高校思政课教师角色定位的核心，也是高校思政课教师堂堂正正人格的发展属性要义。不管是本科院校还是高职院校，教师的道德人格形象必将影响教育教学全过程，影响学生的健康发展和可持续发展。

四是情感人格。有学者认为，"情感在其中作为评价的震荡机制使人选择某种行为，并使它现实化"[②]。就自由而全面发展的人的主体性而言，人本身是情感的集合体，对于人和动物的差别而言，情感要素也是其中一个特别因素。人的情感作为一种需要通过外在观察去了解的内在表现，既可以理解为一种感性的认知，也可以理解为一种受客观因素影响后作出的理性判断，本质上是人的精神力量的一种体现。情感在不同的领域具有不同的表现形式。如果从教育学的角度看，教学过程本身就是主客体之间情

---

① 习近平. 论党的青年工作［M］. 北京：中央文献出版社，2022：166.
② 朱小蔓. 情感德育论［M］. 北京：人民教育出版社，2006：39.

感的交流过程，是知识、能力、情感价值的有机结合。其中，知识只是情感维系和传递的中介和纽带，教师通过知识讲授，将符合教学要求的知识，通过个体稳定合理的情绪、情感带入课堂，创造学生平等接受的情感课堂，再通过师生之间友好的情感表现拉近与学生的心理距离，让学生更好地理解教师传授的知识，以此实现师生情感互动的有效增强，学生情感素养的提升，最终激发学生探究知识的兴趣，不断充盈学生的精神世界。

情感教育作为一种教育理念，客观上要求教师在教育教学过程中注重情感投入，具备情感人格特征。"所谓情感人格是指教师在教育教学过程中所表现出来的情感态度、情感表达、情感取向及情感互动等多方面的总和，展现了教师的情感能力、情感高度及情感境界。"[①] 思政课教师在教学过程中的情感人格并不是从入职后就立刻集中显现出来的，而是从教育教学的不断实践中养成的一种稳定的内化情感，这也是思政课教师教学做到以情动人、以情化人的教法艺术的体现。

思政课教师的情感人格是如何产生并发挥作用的？思政课教师的情感人格的形成和发展要从教师主体的自我成长及职业环境的影响两个方面去考量。首先，从心理学及人本学的角度看，人自由而全面的发展离不开人的主体能力性的发挥，在人的自我需求之下，情感成为人从物质走向精神的象征，在对职业的认知定位走向职业的自我肯定的过程中，人开始逐渐地形成职业情感，这种职业情感既是对自我选择职业的一种肯定，也是职业给个体带来自我满足及自我肯定的心理情绪的投射。其次，从职业环境的影响看，思政课教师情感人格是教育管理者及单位对个体的职业心理的一种积极要求，是贯彻教育心理学、教学情感学的有效体现，实现了从外化到内化。思政课教师在长期接受的正向培训和正向情感引导中，逐渐形成自我对思政课教师这个职业的积极肯定，进而开展积极的教学实践，在实践中增强对情感教学的认知及肯定，并不断影响和塑造自我情感世界，获得情感人格的实践效能。

---

① 迟成勇. 论高校思政课教师堂堂正正人格之文化渊源、构成及塑造[J]. 教育科学探索, 2024, 42 (1)：91-97.

思政课教师的情感人格主要体现在哪些方面？从职业限定的范围来看，思政课教师的情感人格主要侧重于在育人过程中的育人情感的表现；从外延看，思政课教师的情感人格包括思政课教师对学生成长的持续性情感投入及对社会的情感关注；从更大的视角看，思政课教师本身的情感人格既有基于职业的态度肯定，也有对于社会、国家发展的情感关注和实践力量。具体表现有：一是思政课教师对学生育人工作的积极情感表现，这是从职业发展视角看对学生成长的育人情感贡献；二是思政课教师对职业发展本身的正面情感展现，表现出对思政课教师岗位的高度认可及积极实践；三是思政课教师对关注社会发展及践行为人民服务的情感体现，表现家国情怀。不论个人职业要求、岗位要求还是社会需要，思政课教师的情感人格都指向更为清晰的正向路径，是思政课教师情感走向更高层次的体现。

二、高职院校思政课教师队伍专业性建设的基本问题

思政课教师队伍建设内容丰富，既包括对思政课教师内在教学技能的专业性训练，也包括外在形象、行为的培训，其中针对思政课教师专业性建设是最主要的方面。这个专业性建设主要涵盖思政课教学所涉及的专业理论（马克思主义理论）学习、思政课教师教学能力提升学习、思政课教师科研能力锻炼、思政课教师社会实践能力养成等四大方面，建构起思政课教师队伍建设专业性的发展基石。

（一）夯实高职院校思政课教师马克思主义理论素养根基

马克思主义理论是科学的理论，是实践的理论，是思政课教师教学与科研的指导根基。不管是本科院校还是高职院校，思政课教师必须充分掌握马克思主义理论，用马克思主义的立场、观点去认识和理解教育教学存在的问题；用马克思主义理论去增强自我提升的综合能力；用马克思主义理论去科学引导学生成长成才，充分发挥理论育人的作用。但是，从客观实际情况出发去审视高职院校思政课教师马克思主义理论素养的整体掌握情况会发现，高职院校思政课教师对马克思主义理论的掌握情况存在较为

明显的短板，而这个短板是制约思政课教师讲深、讲透、讲活思政课的关键要素。从思政课教师队伍建设的入场考虑，可以从思政课教师本身的专业结构、学历结构等客观方面存在的要素去分析这一结果，以便于更有针对性地制定对策提升思政课教师马克思主义理论素养。

一是高职院校思政课教师学科来源构成较为宽泛。高职院校马院在招聘思政课教师的过程中，对思政课教师的专业范围并没有限制于马克思主义理论范围，为其他学科专业背景的求职者打开了入职通道。在录用名单中，往往出现政治学、历史学、行政管理、教育管理等相关学科。从优化学科背景、增强马院学科实力而言这是必然的选择，但是从教学专业性而言，存在一定的隐忧，即对马克思主义理论专业知识储备的不充分，会影响思政课教师向学生讲授理论的彻底性。正如马克思曾指出，"理论只要说服人，就能掌握群众；而理论只要彻底，就能说服人"[1]，马克思主义理论博大精深，涉及的内容深奥宽泛，经过本硕博专业锻炼的教师能够较为娴熟地运用马克思主义理论专业知识去开展教学活动，这对于马院管理者和学校管理者而言，可以节省后期人才培养的时间和精力，可使教师快速成为马院思政课教学骨干，并在理论讲授、科研开展中降低出错成本。正如杜威所说："教师怎样能够做理智的领导者呢？这是一个重要的实际问题。第一个条件，他要有充分而盈溢的知识……教师需要充盈的知识，有许多理由，由于过于显明，无须再说。"[2] 反之，如果大部分高职院校马院思政课教师都是非马克思主义理论专业毕业，则需要花更多的时间和精力去组织对教师理论的培训，无疑增加了教师管理及培训的时间和精力成本。

二是高职院校思政课教师队伍整体的学历有待提升。课题组成员通过对省内几所代表性的高职院校马院进行调研和交流，重点观察了这些马院教师队伍的学历构成，在当前门槛不断提高的客观背景下，大部分高职院校的最低门槛都提升为硕士研究生为主，以博士为高层次人才的重点对

---

[1] 马克思恩格斯选集：第1卷 [M].北京：人民出版社，2012：41-42.
[2] 杜威.思维与教学 [M].孟宪承，俞庆棠译.北京：商务印书馆，1936：247.

象，极少数民办高职院校或者偏远地区的公办高职院校还存在本科院校学历的门槛要求，这和地区之间经济发展实力不均衡、人才吸引力强弱有关系。对于高校思政课教学，需要经过对马克思主义理论及其相关教育理论的学术锻炼，从本科到博士之间在学术锻炼和教学实训方面会存在较大的差别。在本科阶段，学生主要以学科知识的掌握为主；在硕士阶段，学生以学科专业知识的研究为主，开始接触高水平教研；到了博士阶段，学生开始独立地钻研马克思主义理论相关前沿问题、热点问题，并形成具有一定影响力的学术成果。从这一成长路径看，硕士、博士在入职高校成为思政课教师后，其发挥理论研究的能力最强。因此，即使在高职院校，也有很多学校倾向于招聘博士，这和其后续培育投入的精力和成本也有直接正向关系。

三是思政课教学与科研与思政课教师所处的平台有很大的关系。部分高职院校思政课教师由于平台的限制，参与高水平教学和科研的机会相对较少，使其在教学和科研中遇到成长瓶颈，逐渐对马克思主义理论的研究产生"疲乏"心理，长时间的低水平重复研究也影响教师在教学中对理论的深入阐释；还有的马院对马克思主义理论的研究氛围不浓，高水平专家引领力不足，思政课教师整体理论能力及素养不强，这也是高职院校思政课教师队伍建设中急需解决的现实问题。

(二) 提升高职院校思政课教师综合教学能力

提升思政课教师综合教学能力是高职院校思政课教师队伍专业性建设的重要内容。对于高职院校思政课教师队伍建设而言，教学和科研是两条腿走路，缺一不可。就目前高职院校思政课专业性建设的发展趋势而言，教学能力是高职院校思政课教师站稳讲台的首要要求。在思政课教师队伍建设的教学专项内容中，可以细分为如下几个方面。

第一，对思政课教师教学素养的提升建设。在《现代汉语规范词典》中，"素养"这一词语被解释为"平日的修养"。对于"教学素养"，目前学界没有统一的完整定义。有学者认为，"教学素养是确证伦理身份、实现自身教育抱负以及课程价值的基本品质与能力结构"[①]。还有学者认为，"教学素养实际上就是教师在教学实践活动中逐渐形成和发展起来的品质修养，而这种品质也可以在教学活动中内化为教师自身的素质，或者也可以将其理解为满足教师教育教学工作要求的职业素养之一"[②]。从思政课教学职业身份及职业担当的角度看，对思政课教师教学素养的提升建设可以从如下几个方面进行。一是思政课教师教学态度的正向激励建设。主要从思政课教师教学态度出发，不断激发思政课教师热爱教学、钻研教学的职业态度，这也是后面提到的教育情怀的体现。从心理学的视角看，思政课教师教学态度是在肯定自我职业的成长中内化形成的情感要点，在建设过程中要抓住思政课教师态度的生成机理和规律，有针对性地激发高职院校思政课教师积极的教学态度。二是思政课教师教学情感的包容性建设。思政课教师教学情感是在教学实践中展现出来的情感维度，包括关爱学生、注重交流对话、营造平等的相处模式等。这些情感表征更多展现出思政课教师"情怀要深"的价值向度，是思政课教师肩负立德树人必备的素养之一。对思政课教师教学情感建设要着力于包容性建设，展现出思政课教师开放包容的情感态度，锻造出对不同层次、不同认知理解能力学生的积极包容，通过情感教学达到师生关系的和谐。三是思政课教师教学积极性的激励建设。从职业分工的基本属性看，思政课教师是教师群体的职业分类，是客观存在的属性特质，必然带有不同职业之间、职业内部之间的差距，这些差距会引发教师群体之间个体的相互对比，进而会产生教学过程的超前性或滞后性。这也就是为什么要注重对思政课教师群体进行激励教育和激励管理，使其不断激发出教书育人的良性动力，产出更优质的育人成果。

第二，对思政课教师信息化教学能力的提升建设。思政课教师队伍专

[①] 崔振成. 教育知识觉悟下教师教学素养发展智慧[J]. 教育科学研究，2019（4）：85-90，95.
[②] 任长印. 高校青年教师教学素养提升路径研究[J]. 黑龙江教育学院学报，2015（11）：37-38.

业性建设必然打上时代发展的烙印，展现出时代教育发展的需求，展现新时代高校思政课教学的时代魅力。当前，以人工智能为代表的信息技术快速发展，成为搭建教育高质量发展的"高架桥"和"快速通道"。思政课作为人文社科类课程，和理工类课程一样，需要信息技术的有效接入，使其成为有时代气息、有技术含量的课程。对思政课教师群体进行信息化能力提升，以此辅助思政课教师群体专业性建设已经成为当前的共识。一是着力增强思政课教师群体的信息化教学改革的意识。思想意识是行为的先导，没有对信息化教学的意识范畴的正确理解，不会产生科学的教育教学行为。在客观现实过程中，部分思政课教师会产生对信息技术教学的"排斥"，毕竟信息化教学要经过长期的实践积累和对技术的娴熟掌握，大部分文科毕业的老师显然不具备前期积累的优势，而信息技术的复杂性也让部分教师"望而却步"，产生畏惧心理，这对于推广思政课信息化教学模式改革都是现实梗阻。因此，需要进行思想意识上的"疏通"，让思政课教师主动接受和拥抱信息化技术，使之成为推进教育教学改革的"加速器"。二是创造更多的实践机会，让信息技术在思政课教学中得以广泛运用，成为常用常新的载体。例如，部分马院开展虚拟仿真思政课教学创新改革，利用虚拟仿真技术提升思政课实践教学的鲜活性和针对性，产出大量的教学成果；有的高校利用人工智能技术，打造"智慧思政课"，颠覆师生交往的平行路向，打造立体、多维的师生交往空间及路径；还有的高校引入大数据思政课管理系统，推进数字化赋能思政课管理全过程。这些信息化技术的运用让思政课教师有了更多"操作"的机会，在不断实践中不仅增强了信息化教学的思想意识，也锻炼了信息化教学的能力。

  第三，对思政课教师教学比赛能力的提升建设。思政课教学和思政课教学比赛是两个不同的视域。前者侧重于对学生教学的一般性行为，是日常高校教学的重要组成部分；后者是在日常教学基础上，对教师教学能力的检验及展示。随着党和国家对思政课教学越来越重视，投入的人力、物力、财力越来越多，思政课教学比赛的类型越来越丰富。从全国范围看，有思政课教学展示比赛、思政课创新大赛、思政课信息化教学能力比赛等。思政课教学比赛能力提升俨然成为马院思政课教师队伍专业性建设的重要内容之一，也是体现马院整体实力、检验马院教学能力的重要平台和机会。基于当前思政课教师的教学能力，对思政课教师教学能力、比赛能力的提升可以围绕以下几个方面进行重点规划。一是培育教师教学比赛创新团队，借助教学比赛推进教师教学能力提升。教学比赛需要搭建一个中青年优势资源衔接的创新比赛团队，发挥团队的力量去培育更多有潜力的教学"新秀"。综观当前教学比赛的规则，团队教学是主要的指向。通过团队合作，培育具有梯队性质的教学团队。二是定期举办教学比赛分享会。教学比赛是对优秀教师教学经验的总结和展示，但部分教师还没有认识到其重要性，仅将教学比赛作为获得业绩及奖项的一种路径及结果来对待。事实上，比赛之后的经验总结及经验分享才能体现出教学比赛的必要性。对于思政课教师而言，在教学实践中形成优秀的教学经验，在教学比赛中展示优秀的教学经验，在教学分享反思中再进一步优化教学经验，形成实践闭环，真正体现出教学推进比赛、比赛反哺教学的实效性。三是构建思政课教师教学比赛激励机制。思政课教师教学比赛建设需要从激励机制去推进，达到最优化的效果。思政课教学比赛是教师教学能力的检验，也是马院教学建设的体现。从客观激励的角度看，构建思政课教师教学比赛激励机制可以更好地鼓励和推动年轻思政课教师在教学比赛上不断创新，形成更多更优质的教学成果。但是，在教学比赛激励机制的构建中要考虑长远效果的边界处理，不只是将其作为简单的推进机制来建设，还要搭配其他激励手段进行有效配置，如荣誉感激励、责任感激励、使命感激励等。

第四，对思政课教师教学艺术的提升建设。教学是一项育人工作，必然需要精细化的艺术加工。从人与人交往的复杂性看，必然需要艺术化的处理手段去解决教学过程中存在的矛盾及问题。此外，教学本身是对人的精神世界的丰盈过程，必然带有艺术的处理过程，形成有效的教学方式。首先，教学艺术在思政课教学实践中表现为有针对性的教学手段。由于生源及学校专业性质，高职院校思政课教师在实际教学过程中存在教学压力及教学阻力，这就考验思政课教师教学实施手段的艺术性，是用分层、分类教学还是用实践体验式教学讲授理论问题，这都需要对思政课教师进行有针对性的教学艺术培训。其次，富有生活气息、体现美的课堂过程需要教学艺术的加持。教学艺术是对粗糙教学过程的反向提升。在思政课教学课堂中，要坚持生活艺术的美，让学生从思政课内容中发现生命之美、力量之美、关爱之美，通过美的感受去引导学生树立正确的世界观、人生观、价值观，形成和谐的人际关系，产生美的社会认知。最后，展现人性的关爱，能够触发学生感受教育力量的教学理念等。教学艺术并不是将教学当作一个冷冰冰的独立艺术体进行"雕刻"，而是需要从人自由而全面的发展这个视域去展现教师教学过程中的独立美感和人性关爱，让学生从政治责任需要走向自我成长的全面发展需要，通过教师的语言美、情感美、行为美去展现以学生为中心的价值立场，通过政治的立场、教学的行为表现去凸显出思政课的教学魅力，展现思政课教学育人的情怀，让学生感受到教师教学的生命力，这也是打造"学生喜爱，终身受益"的思政课的内在要求。此外，思政课教师还要做好课程教学与学生课后管理的衔接，让学生感受课程的延续性影响，展现思政课育人的生命之美。

（三）思政课教师科研能力的锻炼进阶

思政课教师科研能力锻炼是教师队伍专业性建设的重要内容。在本科院校，思政课教师队伍建设十分注重科研能力的培育，通过制度约束和科研能力训练，激发思政课教师产出大量优质科研成果。相反，高水平科研能力是高职院校马院思政课教师队伍建设的短板，是掣肘其成为高水平师资队伍的现实要素。究其原因，可以发现高职院校在科研上的投入缺少连续性，在对科研的打造上也缺乏领军人物的引领。例如，从高水平科研课题的立项就能看出，高职院校在课题研究上不占有优势，成为重点关注的强化部分；从发表的论文级别和质量来看，与本科院校相比存在较大的差距。这些现实问题与教师队伍本身准入有必然的联系。在本科院校，博士及副教授、教授是科研的主力军，其深厚的学术积淀及长期的学术锻炼使其具备独立开展高水平研究的科研基础，加上本科院校的科研平台完善、科研条件充分及科研氛围浓厚，使其成为科研增长高地。而高职院校则缺乏这些资源和条件。

因此，高职院校马院要认清和本科院校科研实力之间的差距，从教师科研结构等基础问题出发，探寻一条适合高职院校实际情况的教师科研能力提升之路。

首先，增强高职院校思政课教师的学术自信。在部分高职院校，有些思政课教师科研自信不足，认为高职院校科研平台较差，难以支撑其产出优质的科研成果，将自我科研产出不足全部归因于学校平台自身的问题。通过对部分高职院校思政课教师发表在知网上的优质文章进行分析，部分思政课教师选择了独具特色的研究方向开展学术研究。例如，发表在《教育与职业》《中国职业技术教育》等职业类核心期刊上的文章，大部分都转换研究话语，从职业教育人文特性与思政课融合的角度去选取方向进行实践研究，因获得了高水平期刊的青睐而得以发表。有些高职院校思政课教师还在 CSSCI 期刊之一的《思想政治教育研究》上发表专业性很强的学术论文。还有的高职院校思政课教师发挥实践积累的经验申报教育部思政课专项课题并得以立项，这是全国高职院校常有的现象，也说明了高职院校思政课教师在高水平课题申报立项上是有成功先例的。所以，对高职院校思政课教师而言，树立科研自信，是走向科研自我能力增长的前提。

其次，营造良好的科研氛围。在调研过程中，部分教师向课题组表示，马院思政课教师还没有形成团队合作的科研氛围，部分科研工作仍属于"单打独斗"，是一种基础性的个人重复工作，没有整合马院教师队伍中最优质的科研力量进行针对性的重组，并对核心关键问题进行针对性研究，导致马院科研成果产出不具有高度黏性，分散性较多。此外，高职院校在科研品牌和学术品牌的打造上缺乏有效的经验。例如，大部分本科院校都注重邀请省内外高水平专家进行入校科研讲座及科研辅导，激励教师不断向高水平科研教师看齐；但在高职院校，很少会有马院建设科研品牌，在其官方公众号及网站上也很少会看见关于科研讲座、科研分享、科研申报辅导会等，整个马院的科研氛围不足。虽然这与管理者的科研视野、学校经费、历史传统有关系，但绝不能成为"按部就班"的建设理由。

最后，摒弃重教学轻科研的思维。在教学实践中，高职院校具有一定的优势和较强的竞争力。例如，在各大思政类教学比赛项目上，高职院校思政课教师能够和本科一起同台竞技，获得较好成绩，以至于很多马院都将精力和资源投入教学比赛和教学建设。相反，对科研的投入和关注度不高，以至于形成了"指挥棒"效果，导致思政课教师将主要的精力投入教学比赛中，甚至部分高职院校对教学比赛获奖的奖励超过了科研奖励，也从一定程度上让教师"不自觉"地走向以教学为中心的职业发展规划。但事实上，教学和科研本身就是相辅相成的关系：教学实践为科研提供经验和基础，是科研展开的前提和基础；优质的科研成果会反哺教学，让教学有更科学的指导。例如，思政课教学改革中的信息化技术运用研究，"大思政课"协同育人研究，提升思政课教学与学生学习能力的关系研究，思政课实践教学的建设规律研究等，这些具有教学实践需要的课题研究就是思政课教师应该着力去解决的问题，这也是科研的方向。也就是说，并非纯理论的学术研究才是研究，能够解决思政课教学过程中出现的问题，为高质量推进思政课教学发展的教改研究也是研究。尤其是现在国家极其注重思政课教学改革创新，对思政课教学过程中出现的新问题展开研究是不断提升思政课教学适应性的要求，也是打造高质量思政课的科研保障。基于此，高职院校马院对思政课教师科研能力的专业性建设需要从长远的教学需要、教师成长、学校发展三大层面去进行科学有效的顶层设计，避免陷入"自我矮化""自我否定"的建设思维。马院管理者要以科研兴院、科研促发展的思维格局引导马院中青年骨干思政课教师投身职业教育科研，将职业教育与思政课育人有效结合，走出特色科研之路。

(四) 高职院校思政课教师社会实践能力的养成

思政课实践教学是课程本身理论教学在社会实践中的延伸和拓展，强调知、信、行统一和学、思、用贯通，在实践引导中激发大学生投身建设中国特色社会主义的使命担当。从本体论来看，实践能力相比教学能力，对教师组织能力、管理能力、策划能力的要求更高。对于高职院校而言，教师实践能力的养成是教师队伍建设过程中极其重要的环节。专业课教师每年都会被安排到企业进行实习实践，以此不断提高专业课教师和企业之间的关联度。而思政课教师本身的特殊性决定了其开展实践活动的范围具有一定的局限性，实践能力辐射的范围相比专业课教师而言，具有范围的集中性。例如，带领学生围绕"爱国主义教育""创新教育""铸牢中华民族共同体意识教育"等主题开展相对集中但有区分度的实践活动但不管如何，只要发挥主观能动性，就能不断增强思政课教师的实践能力，提高思政课教师的实践素养。

一是目标导向和问题意识相结合，探索适合职业教育特色的思政课实践教学。思政课教师不仅是党的创新理论教学的引导者，还是实践育人的组织者和实施者。对思政课教师实践能力专业性建设过程中，首先要强调目标导向与问题意识的结合。所谓的目标导向即是对实践育人的最终目标的规划和指引，强调对学生马克思主义理论在实践过程中的认识水平的提升，注重引导学生将理论知识与社会需要相结合，以此达到实践育人的效果；所谓的问题意识则是思政课教师在组织开展实践教学过程中，要对实践主题有科学的规划和清晰的把握，要从中国特色社会主义的伟大实践中寻找学生感兴趣的"困惑点""疑问点"，将其变成实践教学过程中需要贯穿的核心主线，以此强化实践教学的问题意识。其次，要引导思政课教师注重理论知识和职业教育相结合开展实践教学的创新性，从职业教育中汲取育人养分，不断满足职业教育开展思政育人需要。职业院校开展思政课教学不仅是对学生马克思主义理论的教育，还要用马克思主义科学理论去指导职业教育实践。对于学生而言，在掌握职业技术的同时还要掌握看待职业发展的世界观、价值观、认识观；还要用历史唯物主义去正确看待行业发展的规律性；还要用矛盾的、发展的观点去处理职业适应中产生的问题。从这一逻辑关联性上看，职业教育与思政课育人之间是密不可分，其至是相互促进的关系。思政课教师要从学校职业特色出发，寻找两者结合的实践育人点，不断提高思政课实践活动中学生的关注点和兴奋点；还要结合职业教育需要，组织学生利用专业技术优势，开展社会服务活动。例如，建筑类高校开展的"人民建筑师"系列思政主题活动，引导学生利用建筑设计专业优势，秉持为人民设计好建筑的理念，将以人民为中心的价值理念与建筑专业设计融合，实现专业服务社会、理想助力美好生活的实践愿景。

二是理论教学和实践教学相融合，积极提升实践育人新成效。对思政课教师实践教学能力的培养需要使之明确，理论与实践是密不可分的辩证关系，没有科学理论的指导，就没有实践教学的科学体现。实践教学必须以理论教学为前提，从理论教学中寻找重点内容，并通过实践教学载体将重点理论问题讲深、讲透、讲活，以实践的活力激发理论的生命力。从理论教学与实践教学的逻辑关联看，理论教学为实践教学提供必要的马克思主义立场、观点和方法，以及对党和国家指导思想的正确认知，是实践教学开展的基础；实践教学要为理论教学提供加深理解和运用、发展理论的情境和场域，是理论教学的重要支撑。在理论教学与实践教学的融合育人中，首先要发挥理论的科学指导作用。马克思主义是中国特色社会主义发展实践的指导思想，是科学的理论。在实践教学中，没有科学的理论指导必然产生实践教学难以有效开展、科学开展的现实困境。马克思主义理论为科学的实践教学提供价值判断、思维指引、行为指向，能够让师生在实践过程中有效掌握科学的分析方法，用科学的思维去看待和理解实践过程中出现的问题。其次要从实践中检验理论的科学性。实践是认识的来源，实践是认识发展的动力，实践也是检验真理的唯一标准。学生通过社会实践去感悟社会主义道路的科学性和先进性，从新时代发展的历史方位去体验中国特色社会主义伟大实践的历史性成就，从中华民族伟大复兴的实践去感受马克思主义理论生命力的时代活力。只有通过从社会发展客观现实中确证马克思主义理论的科学性才具有科学的说服力。

三是"知、情、意、行"相统一，精心设计各种实践活动。不管是理论层面的教学还是实践教学,思政课教学都要从教育心理学、教育行为学去研究学生的实践特性和心理状态。思政课教师开展实践教学并不是简单地制定主题、组织实施,而是通过研究学生的学习接受心理和对实践的认知去策划主题和强化实践。首先,从学生学情的"知"出发,通过研究课程核心关键内容去设定主题知识,强化主题的服务教学的重难点要求。其次,投入实践情感,确定情感价值主线。思政课实践教学既要培养学生对家国的深厚情感、对人民的热爱之情,也要展现思政人的情感温度。从这一侧面去思考思政课的教学情感,可以很好地传递出实践教学对学生价值养成、情感养成的正向能量。例如,在策划开展"铸牢中华民族共同体意识"主题实践活动中,要激发学生对多民族文化的包容情感,增强对民族文化的传承情感,通过民族文化的情感交融,实现学生对多民族团结的认同,增进民族学生之间的情感交流,最终赋能铸牢中华民族共同体意识。再次,从意志上增强学生在实践活动中对理论知识的内化和对理想信念的坚守,最终转化为符合社会需要的个体行为。在实践教学过程中,学生从实践中认同社会主义制度、认同中国共产党的领导,坚定实现中华民族伟大复兴的信心,从而坚定不移地听党话、跟党走,从情感认同到意志坚定,最终转为投身服务社会的行动力。

三、高职院校思政课教师队伍与职业教育契合度建设

高职院校思政课建设和发展要体现职业教育特色,这是高职院校思政课特殊属性的内在要求。职业教育和本科教育都是国民教育体系的重要组成部分,对于高职院校而言,如何突出思政育人的职业教育特色是其重点要关照和考虑的发展问题。职业教育体现出技术技能的培养,展现产教融合的时代需要,培养具有家国情怀的职业工匠,是国家制造行业重要的人才培养基地。党的二十届三中全会对职业教育发展也提出了相关要求,即"加快构建职普融通、产教融合的职业教育体系"。[①] 面对职业教育的国家

---

① 中共中央关于进一步全面深化改革 推进中国式现代化的决定[N]. 人民日报,2024-07-22(1).

需要、人才成长的现实需求，职业院校思政课教师队伍建设必然要和职业教育本身的需要衔接，产生高度的契合性。

(一) 思政课教师与专业课教师、企业教师协同育人

思政课教学与实践是一项综合性育人工作，不仅体现思政课教师的专业能力，还体现出协调校内外资源开展"大思政课"建设，建设"大课堂"、搭建"大平台"、建好"大师资"，构建起思政课教师、专业课教师、企业行业教师三大育人队伍的合力，实现协同育人。那么思政课教师应该如何协调与专业课教师的关系，又如何借助思政课实践教学的契机强化与企业导师之间的合作，实现"大思政课"育人？这些都是摆在思政课教师面前要思考的问题。

一是思政课教师与专业课教师的育人合力发挥。从狭义上看，思政课教师队伍指的是思政课专职教师，主要从事思政课专业教学工作，部分学校还通过专兼结合的形式补充大量育人力量加入思政课教师队伍。专业课教师在学校当中是占比最高的教师群体，这类教师覆盖全校学生，是对学生进行针对性专业授课的教师群体，专业知识强，企业实践经验丰富，是对大学生开展校企合作、校企共育的优质教师资源。首先，专业课教师肩负课程思政育人的工作，是思政课教师和专业课教师协同育人的前提基础。专业课教师并不像思政课教师那样显性讲授马克思主义理论进行价值引导，而是通过隐性转化，将思政育人知识点"润物细无声"地融入专业课教学知识，是对学生开展专业课程中思政育人的重要补充。其次，专业课教师掌握丰富的校外实践资源。思政课教师在理论讲授方面具有专业课教师无法比拟的理论知识资源，但是对于思政课需要对接社会实践方面，专业课教师能够发挥更优能量。从这一逻辑认知看，专业课教师和思政课教师合作开展社会实践育人有了契合性。例如，建筑类高校开展的"行走的建筑文化"，通过建筑类专业教师牵头搭建的校外建筑实训基地，辅助思政课教师开展文化自信教学，在建筑专业知识的讲授中引导学生坚持行业自信，建筑文化自信，以建筑人的精湛技艺和使命担当肩负起"建筑中国"的使命担当。最后，思政课教师与专业课教师协同育人有助于推动

教师教学能力提升，有助于教师队伍之间协调力的增强。思政课教师在专业课教师的合作下，能够进一步了解学生专业课教学的知识，有助于思政课教师开展学情分析，在教学中有效融入学生感兴趣的专业问题，契合学生的认知；对于专业课教师而言，通过与思政课教师的合作，能够进一步厘清和弄懂何为课程思政，如何课程思政，在教学过程中能够娴熟地掌握思政育人要点，科学合理地融入思政要素，实现"精准课程思政"。

二是思政课教师与企业导师育人合力的发挥。思政课教师除了需要和专业课教师协同育人，还要与企业、行业导师保持密切合作关系，实现合力育人，这也是当前思政课教师队伍建设的重要内容。校企合作是当前职业院校高质量发展的重要模式，是行业与学校之间紧密合作的桥梁。对于学生而言，在进行专业训练过程中能接受来自企业导师最新的行业资讯、行业技术，能够最大限度地提高学生对目前行业发展的认识，有助于学生形成科学的职业认知和对本专业行业目前发展的新趋势有一个基本的认知，为日后进入职场工作奠定良好的基础。首先，企业导师能够为学生做出科学清晰的职业规划。职业认知、职业道德、职业发展的使命责任是思政课育人的重要内容。对于思政课教师而言，大部分都是从学理性上给学生分析职业的发展需要，职业服务国家战略的需要，从理论层面讲清楚个人与社会的发展关系，引导学生在职业选择时结合社会发展的需要和国家需要；而企业导师则从行业的发展规律和当前行业的专业发展角度给学生做职业生涯规划，引导学生如何正确看待就业，具有客观现实的数据支撑和实例辅助，这是思政课教师理论教学难以补足的部分。其次，企业导师具有丰富的实践经验，从实践性角度引导学生思考问题。例如绿色建筑的运行模式、创新建筑的内在活力等，结合思政课教学内容"做改革创新的生力军""绿色发展"等主题内容进行实践教学设计，能够充分显现出企业导师在这一实践领域的优势。最后，企业导师能够起到精神激励、榜样示范作用。高职院校在遴选企业导师服务学校育人的过程中，都会重点考虑导师的资质，特别是在行业中具有一定影响力，能够体现干事创业，奋斗进取精神的人物，这类导师是行业的骨干，是学生学习的优秀榜样。从示范作用看，企业导师服务思政课育人具有科学性和合理性。

(二) 思政课教学内容的选取要符合职业教育特色

思政课教学是按照教育部有关管理使用统编教材，在统一教学内容的前提下，思政课教师可以发挥教学主动性和创造性，有针对性地根据授课班级的专业及学习特性开展特色教学内容的有效融入，实现统一性与多样性的结合。对于高职院校，所面对的学生有强烈的就业需求，既有对专业发展的困惑，也有对职业教育发展的忧虑，这就意味着思政课教师要从学生学情角度出发，有针对性地对学生所反映出的普遍问题答疑解惑，这是高职院校思政课教师教学内容精准融入职业教育特色的逻辑前提。

其一，将学生的专业所指向的行业素材融入教学。思政课教师队伍建设要从创造力层面激发教师积极主动的教学心态，特别是面对职业教育学生，要有足够的耐心及细心去设计教学内容，用学生感兴趣、听得懂的教学语言及教学设计去引导学生增强马克思主义理论学习，树立正确的世界观、人生观、价值观。教学设计中，思政课教师要深入挖掘学生专业领域的特色资源，结合学生专业方向及思政课课程教学重难点内容，有针对性地实现两者结合。例如，针对建筑设计专业的学生，可以从建筑美学、建筑艺术学、建筑哲学、建筑精神等角度选择适合的教学内容，在满足课程教学素材的前提下，增强对学生的吸引力，提高教学的针对性，让学生在思政课教学中也能看到自己专业课程领域的内容，引发学生教学共鸣，拉近师生教学的内在心理距离。

其二，将学生接受职业教育产生的困惑疑虑融入教学问题链的设计。职业教育学生相比本科院校学校的学生而言，在知识学习上存在一定的差距，在专业自信和学习自信上也存在需要关心、关怀的问题。作为思政课教师，不仅要从理论及实践上引导学生成为时代新人，也要从现实关照出发，去引导学生关注自己的心灵世界，注重自我情感的调节，树立科学的人生观，保持积极进取的态度。而要实现这一目的，需要教师注重对学生的观察，将日常教学收集到的学生普遍反映出来的人生问题及疑惑有效融入思政课教学，从观念辨析到价值引领，全方位解答学生的困惑及疑虑，让学生在认可自我职业规划的前提下，增强学习自信。

其三，将学校职业教育特色育人内容有机融入，实现课程育人与校园文化育人同频共振。校园文化是大学生日常接触最多的文化类型，良好的校园文化能够沁润学生的内心世界，能够对学生个体成长起到积极正向的激励作用。校园文化属于类型文化，在具体的备课中，思政课教师要从学校的文化类型、文化特色出发，按照课程教学分类有针对性地总结和凝练出学校特色校园文化。例如，有的学校具有悠久的建校史和深厚的历史文化底蕴，可以从教育历史产生的人物及其教育家精神出发融入理想信念和中国精神课程内容的教学；有的学校属于农业类专业，开设的农学专业辐射城乡发展需要，可以将其融入中国特色社会主义城乡发展、乡村振兴、农村经济发展等相关教学内容；还有的学校是医学类职业学院，学校具有深厚的医学文化历史，是开展人生理想教育的重要文化载体。总之，校园文化是思政课教学的素材"富矿"，办好思政课需要充分发挥思政课教师的积极性、主动性和创造性，在符合职业院校教学特色的前提下，不断推进思政课教学在职业教育中的适应性建设。

（三）思政课实践教学与专业实训融合育人

实践教学是思政课理论教学的重要补充，也是引导大学生关注现实社会重要的教学环节。思政课面对的学生群体及专业存在较大的差别，在开展实践教学设计时要考虑学生专业发展及职业发展的需要，增强实践教学的针对性。一般而言，高校思政课实践教学的类型相对比较固定。一是通过学生研究性学习，生成研究报告，作为学生开展课题研究的重要载体；二是通过学校各类校外实践基地，针对性开展实践活动，引导学生关注社会发展的现实问题，增强个人与社会的关联性；三是通过学校专业课建设的实训场地开展"思政+专业"的实践活动，即将思政课实践教学与专业课实训融合，在节约实践成本的前提下，扩大思政课实践教学的空间场域。

作为面向职业教育学生开展的思政课实践教学，可以针对第三种实践形式作出创新设计。首先，要全面把握学校专业实训的主要形式、特色及要求。专业实训是专业课对学生开展专业技能实操的主要场地，思政课教师要充分考虑专业实训基地开展思政课协同育人的适用性及可行性。其次，要与专业课教师进行实践教学的沟通及联合备课，提高思政课实践与专业课实训融合育人的效度，特别是要熟悉专业课教师在开展专业实训过程中，课程思政要点的融入要求，有针对性地实现两者之间的默契配合和有效衔接，避免形式上的合作，效果上的"分离"现象的产生。最后，要制定思政课实践教学与专业课实训教学融合创新的管理机制，从教学内容的保障、教师队伍合作的联动机制的建立到最后效果的评价机制等，都需要一套科学有效的管理制度进行调节。总的来说，思政课教师与专业课教师联合开展实践育人符合学校全员育人的现实要求，也是"大思政课"视域下，高校利用学校各类资源服务思政课教学的有益尝试，但是也要注意规避风险，特别是注重效果的把握和检测，使之真正成为推进思政实践教学的有效形式。

四、高职院校思政课教师社会服务能力的建设

思政课教师队伍建设除了教学、科研、实践能力方面的培养，还要从社会服务层面去激发教师干事创业的信心，提高思政课教师与社会发展的融合度，促进思政课教师在育人过程中发挥聪明才智，努力推动社会发展进步。思政课教师社会服务能力主要指向教师发挥本专业能力，在为社会培养符合社会主义国家发展要求的人才、社会文化的建构、服务城乡文化建设需要、开展社会人员党建思政等方面做出的努力，是主动适应社会需要，并在自我发展中积极服务社会需要为导向，是作为社会发展与高校教师互动形成的结果。对于高校而言，思政课教师社会服务的成效也是作为评聘职称和开展职务晋升，考量教师队伍建设的重要指标。因此，思政课教师队伍建设要将这一内容作为重要考核点。

(一) 思政课教师社会服务能力建设的重要性和必要性

思政课教学过程中要对学生讲授马克思主义中国化的发展历程，要讲述中国特色社会主义发展的历史变化，要让学生从伟大祖国的发展中理解马克思主义理论的科学性和实践性，要从党带领全国各族人民取得伟大实践胜利的历史和现实中增强爱国主义情感。针对学生学习过程中素养目标的要求，思政课教师也应该"双向奔赴"，成为主动融入社会发展需要的个体，成为学生立德敦行的榜样。这也就是在教师自我提升中经常需要反思的一个问题，即言行要一致。在教学实践中，学生会问教师：作为讲授理想信念、爱国奉献的教师，您是否参加过社会服务？是否具有社会服务的奉献精神和使命担当？这些问题既是学生关注的现实问题，也是对思政课教师岗位本身奉献意识的关注。从教师岗位需求而言，这是教师职业需要的重要内容，是反映出教师群体职业特性的重要指征；从教师独立的社会个体而言，这是对作为社会发展集体行为中个体应该赋予社会发展能量的体现。很显然，从这两个维度看，对思政课教师社会服务能力的建设具有个体发展意义和社会需要意义。

首先，从个体发展的需要来看。从人的发展适应性角度看，人是社会发展的产物，在人的发展过程中，总是和社会产生"千丝万缕"的关系，也必然带着社会发展不同阶段要求的时代烙印。少数思政课教师会产生这样的思维误区："思政课教师在学校只需要将课上好，将学生教好即可，至于参与社会活动，那不是思政课教师职业应该考虑的问题。"很显然，这个观点将个体发展需要与社会现实割裂，错误地将个人与社会对立。从马克思主义理论的社会发展关系看，个体发展推动社会的进步，社会进步给个体发展提供舞台与机遇，两者是相互联系的辩证统一关系。思政课教师参与社会服务，一是让教师充分地认识社会发展的变化，增强对社会发展的自我认知，将自我认知针对性地运用于职业发展规划，不断增强教师主体性发展的前瞻性。二是从个体自我完善的角度看，社会需要必然带有社会对教师的主体需要，在参与社会服务过程中，教师的实践能力得到增强，对事物的独立思考也在激发着教师的创造性和创新性，这些才干与能力的提升必然反哺教师在授课过程中能力的提升，进而增强对课程教学的时代把握，讲出时代味道，反映时代需要。三是为个体成长带来荣誉感，增强服务奉献的精神享受。劳动创造美好生活，参与社会实践服务本身就是个体参与社会发展的劳动行为，也是实践行为。在社会服务过程中，用劳动服务社会，得到人民群众和社会的集体肯定必然提高了思政课教师参与活动的积极性和主动性，也从精神层面享受了社会对个体的肯定，从而产生正向积极的心理情绪和乐观的生活态度，这是从个体生活意义上理解的好处。总而言之，思政课教师参与社会服务既是个人职业成长的需要，也是个体精神发展的需要，从这一主体性看，其意义重大。

其次，从社会发展的需要来看。社会的发展离不开每一位热爱劳动、热爱人民、热爱国家的劳动者实实在在的参与。从社会发展的长远需要看，各行各业都是社会大集体发展的重要组成部分，是时代进步的驱动力。从历史的视角看，中华民族绵延数千年屹立不倒的关键在于一代又一代中华儿女通过勤劳智慧的双手及爱国奉献的家国精神推动中华民族不断前进。从现实视角看，中国特色社会主义发展磅礴有力，中国式现代化发展需要各行各业优秀的人才投身于伟大的时代，用实践之力创造时代之力，赋能社会主义现代化发展。社会发展需要科学的理论作为指引。马克思主义是党和国家事业发展的理论指引，需要思政课教师等理论专家向全社会解读马克思主义理论的科学性，让更多的群众认识和主动接受马克思主义理论，用理论武装人民群众的头脑，推进马克思主义中国化不断创新发展。例如，可以发挥思政课教师的专业优势，通过开展各级各类理论宣讲服务，服务中小学德育工作，实现个人对社会的职业贡献。在大中小学思政课一体化建设的时代背景下，高校思政课教师可以利用专业优势，针对性帮扶中小学思政课建设，特别是欠发达地区乡镇中小学急需高素质思政课教师开展德育帮扶，通过教师资源的优势互补，让更多高校思政课教师有机会参与到中小学德育教育，发挥专业优势，实现大中小学思政课一体化建设之下的优质德育资源共享。此外，发挥思政课教师专业优势服务企业党建建设。企业党建需要大量高素质人才的参与，特别是在对党的创新理论的解读和实践上,思政课教师具有专业优势。职业院校可以通过校企合作开展思政课教师下企业实践锻炼,也可以通过校企共建党建工作室的形式,发挥思政课教师参与企业党建工作,让思政课教师有机会了解企业党建工作和学校党建工作的区别,发挥党建理论优势,增强思政课教师理论服务实践的专业综合能力。

(二) 思政课教师社会服务能力建设面临的问题

思政课教师社会服务能力建设是一项长期的、综合性的工作,需要从整体上去思考。对其建设存在的问题进行审视,有助于更好地了解思政课教师队伍社会服务的主要内容、具体原则、面临的困境等。

一是服务社会的意识还需提高。思想是行动的先导,要从思想层面扭转思政课教师在社会服务过程中存在的错误认识。部分思政课教师对思政课教师服务社会的意识不强,认为教师职责仅限于学校内部的教学科研工作,对个体与社会发展的关系存在割裂的意识。例如,部分教师缺少对思政课教师岗位综合能力的整体性思考,对教师岗位的社会服务要素的认知与定位存在偏差。极少部分思政课教师在"自我物质"的纠缠中,缺少对社会服务实践的关注,特别是从利益的"极大化"去衡量个体与社会发展的关系。长此以往,部分教师逐渐失去对现实社会的关注,更注重个体"小范围"的成长空间。这是对思政课教师开展社会服务应该关注的问题。

二是服务社会的能力需要增强。思政课教师参与社会服务不仅是意识层面的确立,也是对能力的一种考验。当前,部分思政课教师从"学校"到"学校"的身份转变,长期与社会服务的变化脱离,从而导致要求及能力上的差距。例如,部分教师对马克思主义理论有学理上的深入研究,但是从实践角度去运用理论解决社会存在的问题的能力还有待加强,特别是与所在学校、涉及行业的要求存在差距。社会服务不仅是一种意识的提升,还是思政课教师独立开展社会实践的综合能力的体现。在现有的教师考核管理中,对思政课教师社会实践能力的养成有明确要求,主要集中于企业实践、义务劳动、社会相关活动的参与等。这些类型的活动从个体成长的关系说,可以增强教师的语言表达能力、行动决断能力、理论与实践融合的架构能力；还能从整体的视域中增强教师对社会新问题的理解能力，进而提升思政课教师的授课能力。此外，思政课教师在从事科学研究过程中要关注国家、社会发展的热点问题，如果没有长期在社会实践中积累的经验，很难从深度视角去看待当前社会发展中出现的新问题，这些看问题、分析问题的能力都是从日常社会服务中锻炼出来的。总的来说，对思政课教师社会服务能力的培养是个体与社会良性互动的结果。从结果角度看，思政课教师的个体能力在增强；从思政课育人的角度看，为学生提供了优质的教师资源。

三是思政课教师服务社会的学校管理机制要增强。思政课教师参与社会服务需要根据学校师资队伍的建设进行统一安排，这就涉及思政课教师与教师管理部门之间的协调能力。首先，学校要出台思政课教师服务社会的管理机制，为思政课教师有机会有目的开展社会服务提供制度保障。思政课教师参与社会服务既有个体行为的自发路向，也有学校师资队伍管理的统一要求和安排。当前，服务教学科研及实践已经挤占了思政课教师的大部分有效时间（这里说的有效时间是指在规定工作日完成教学科研和实践需要的劳动时间），如何保证教师有序开展社会服务成为管理层需要精心谋划的事情，至少要从制度的顶层设计上满足思政课教师开展社会服务的时间安排、绩效考核要求、抵消部分课时及科研要求等，通过制度设计，最大限度地解决思政课教师参与社会服务的后顾之忧。其次，激励机制要到位。对于部分思政课教师而言，参与社会服务并不是其本人自愿的自发行为，更多的是带有一定"物质目的性"的指挥行为，如何从人的主体自觉上激发思政课教师主动参与社会服务成为管理者需要着重考量的问题。对于激励的制度设计，要从物质和精神鼓励层面引导教师关注社会服务实践。最后，营造全校教师乐于参与社会服务的良好氛围。学校发展离不开社会的支持，个体的发展也离不开社会对个体成长的社会化推进，学校管理者要从校园文化氛围营造着手开展工作。例如，举办"社会服务优秀模范评选""社会服务文化长廊展示""社会服务优秀工作案例征集""教师社会服务宣讲会"等，让思政课教师在学校能感受到社会服务文化的熏陶，在榜样力量的激励下不断增强自我服务社会的思想觉悟和行动实践力。

（三）思政课教师社会服务能力建设的着力点

思政课教师社会服务能力的建设是系统化工程，需要多个要素协同发挥合力。在建设思政课教师社会服务能力提升的顶层设计中，首先要考虑如何构建一个有效的管理体系或者制度去保障思政课教师社会服务能力的科学推进，从另外一个思维层面去理解就意味着思政课教师社会服务能力建设存在问题的现实依据是什么，以现实困境的变革为依托开展教师社会服务能力建设，使之科学化、有序化。

一是建构思政课教师社会服务能力的制度体系。制度建设往往是为行动发展提供指引和保障。从个体需要和社会需要两个基本层面看，思政课教师社会服务能力建设显然是自律与他律的对应；从个体动力层面的激发及学校管理层面的科学角度看，教师社会服务能力显然始于自发，成于规范。也就是说，完善的学校制度建设，有助于从根本上保障思政课教师参与社会服务的顺利开展，确保教师参与社会服务走向科学有效的管理之路，能够最大限度地激发教师参与社会服务的潜能。在建构思政课教师社会服务能力体系过程中，要考虑领导决策机制、组织管理机制、协同合作机制、评价激励机制等，这些机制从组织管理、个体激励、效果评价等多个维度架构起思政课教师参与社会服务的方方面面，为思政课教师社会服务的有序、科学、高效开展提供保障。

二是推进思政课教师社会服务能力的自我提高。行动能力的提升有助于更好地实现思政课教师参与社会服务的效果。当前部分思政课教师对参与社会服务的认知存在偏颇之处，关键能力存在不足，这就导致了思政课教师参与社会服务没有达到预期的效果，这显然成了掣肘思政课教师社会服务的内因。因此，要从能力提升维度着手改变这一现象。首先，扩大思政课教师社会服务的关注视野。思政课教师的"六要"里面提出了"视野要广"，对社会发展的认知是否充分，对社会发展产生的新鲜事物是否有探究的欲望，这些都在一定程度上影响思政课教师社会服务能力的养成。

因此，思政课教师要多关注社会，多了解社会各行各业，尤其是与本专业发展密切相关联的社会分工行业的发展。其次，要虚心向广大人民群众请教。人民群众是历史的创造者，思政课教师要向人民学习，甘当人民的"小学生"。作为坚定的马克思主义信仰者，思政课教师应该充分发挥人民群众的主体力量，在理论学习和实践开展中要自觉投身人民群众当中，虚心向人民群众请教社会发展过程中出现的新问题，不断积累社会实践经验，在群众的指导和自我实践中检验理论的正确性，通过这样反复的锻炼，必然能够有效提高思政课教师服务社会的能力。最后，要善于总结社会服务过程中的优势与不足。思政课教师参与社会服务是一个长期的实践过程，是理论联系实践的有效方式。在实践过程中难免出现"瑕疵""不足"，这是思政课教师自我实践能力、社会服务能力成长过程中必然经历的阶段。要善于学习和总结，从实践总结中掌握服务社会的一般规律，并从实践的反复中总结可复制、可推广的经验，为下一次更好地开展社会服务奠定能力基础和提供经验指导。

三是强化思政课教师服务社会的能力。思政课教师社会服务能力的发展需要借助各行各业力量的参与实现结果最优化。高职院校有大量的校企合作单位，这些单位是学校开展专业教学、德育教育、社会实践重要的合作资源。在开展思政课教师社会服务能力提升和项目推进的过程中，也可以借助校企合作的契机开展深度交流合作，寻找契合学校专业设置的企业开展社会服务合作。首先，对标思政课教学核心内容开展企业合作。企业是社会发展重要的推动力量，也是思政课教师开展社会服务重要的媒介及载体。例如，建筑类学校可以发挥建筑企业在创新、绿色生态等方面的优势，鼓励思政课教师结合在生态文明建设、改革创新方面的理论优势，联合建筑企业开展建筑文化党建宣传、建筑文化育人、建筑文化社会传承等方面的服务合作。其次，从企业服务实践中掌握行业发展趋向，引导学生关注未来职业动态。思政课教师授课内容中涵盖对学生职业价值观的引导和社会实践观的指引，思政课教师通过校企合作参与社会服务，既提高了社会服务实践锻炼的自我能力，也有机会了解企业发展的新动态、新趋向，掌握企业管理等最新的资讯。这些知识和经验的积累为教师授课提供了丰富的案例素材，拉近了教师与学生的距离，提高了课程教学的鲜活性和实效性。最后，利用企业资源为学生开展实践搭建平台。思政课教师开展社会服务不仅是自我能力的一种实践检验，也是寻找学生社会实践参与的契机，通过和企业合作，教师和学生一起参与思政社会实践，形成师生教学相长的和谐氛围。思政课是重视学生实践的课程，学生实践的开展考验思政课教师设计、统筹能力。在开拓企业合作资源的过程中，要充分结合课程需要，将思政课教师与学生社会服务能力有机统一起来，形成实践育人合力。总而言之，思政课教师服务社会要充分利用本校地域资源、行业发展资源，为更多思政课教师参与社会服务实践提供契机及舞台。

第三章

当前高职院校思政课专职教师队伍建设的现状

本书分别选取了广西、云南、宁夏、新疆、上海、湖南、黑龙江、河北等地区部分高职院校作为研究对象，了解当前高职院校思政课教师队伍建设的基本情况、存在问题、建设思路等。课题组成员依托全国高职高专思政课建设联盟成员单位的优势以及全国思政课结对共建高校的大力支持，顺利获得了课题所需要的调研数据和访谈材料。具体而言，主要采用网络问卷调查和电话、实地访谈调查的方法开展调研。为此，课题组根据研究内容编制了一份高职院校思政课教师队伍建设调查问卷和两份访问提纲，分别是：高职院校思想政治理论课教师队伍建设现状调查问卷表；高职院校思政课教师队伍建设访谈提纲（普通教师）；高职院校思政课教师队伍建设访谈提纲（马院、思政部管理者）。通过调查问卷和访问提纲收集一手资料。2022年8月至2023年12月，课题组在上述地区选择了近30所不同类型的公办高职院校进行调研，这30所高职院校涵盖了双高院校、骨干校、一般高职院校、专科院校、民办院校等，调研取样符合不同类型的高职院校。访问思政课教师、马院负责人60余人。

一、高职院校思政课教师队伍的基本情况

（一）师生比1∶350的建设情况

根据《新时代高等学校思想政治理论课教师队伍建设规定》的要求，配齐建强思政课专职教师队伍，高校应当根据全日制在校生总数，严格按照师生比不低于1∶350的比例核定专职思政课教师岗位。其中公办高校要在编制内配足，且不得挪作他用。制定思政课教师任职资格标准和选聘办法，实行思政课特聘教师、兼职教师制度。

在调研的30所高职院校中，根据专兼职数量，专职教师（不含行政兼课）基本达标的是26所，混合兼职教师达标的累计达4所。大部分公办高职院校都按照教育部的要求进行配比，但是由于地区之间招聘吸引力的差距，个别高职院校难以完成任务。例如某公办高职院校，思政课教师为个位数，个位数中还包括了兼职教师，思政课教师队伍处于极其不稳定的状态。做得最好的还是入选国家双高院校。例如，某建筑类高职、某水

电类高职，思政课教师专职教师数超过60人，为高职院校思政课教师人数最多的公办高职院校。

(二) 思政课教师高层次人才引进和内培博士情况

通常高学历的教师具备良好的教学能力，高校引进的高学历教师人才越多，其思政教师队伍的师资水平越高。换句话说，教师队伍学历结构也是影响其整体教学能力的重要因素之一。目前，公办高职院校，特别是省级双高和国家双高院校，都在其官网公布了思政课人才引进政策，大力引进博士及具有教授职称的思政课教师。尤其是在高学历的教师引进上，北京、上海、广州、深圳等一线城市公办高职院校开展实施力度非常大。例如，某国家双高院校有思政课博士10人，引进多名教授，在思政课教师队伍建设中储备了大量高素质人才。而部分高职院校储备的博士数量较少，基本上都在1至5名之间，和本科学校存在较大的差距。

此外，从总体上看，高职院校思政课教师学历整体上偏低，学历结构和职称结构呈现金字塔形状，讲师和助教的人数较多。在最近三年的招聘公告中，大部分高职院校招聘思政课教师都要求硕士研究生学历及以上。极个别学校，特别是位于西部地区的高职院校由于地域因素，对思政课教师的条件有所放宽，特别优秀的本科学历也可以纳入队伍中。思想政治教育在学生成长成才的过程中具有非常重要的作用。高学历的思政教师经历的教学锻炼和学术锻炼较为丰富，相比本科学历教师而言更具有优势。因此，优化思政教师队伍的学历结构具有一定的必要性。

(三) 思政课教师教学、科研情况

思政课专任教师的两大任务就是教学与科研，这既是教师队伍发展最核心的两大项目，也是思政课教师素质提升最直接的内容。在课题组调研过程中，高职院校思政课教师的教学科研水平呈现如下特点。首先，对教学提升和教学管理的重视程度高，教学业绩突出。在调研的公办高职院校思政课教师队伍中，获得市厅级以上思政课教学类比赛的人数较多，获得教学类比赛业绩和成果较丰富，个别高职院校思政课教学类比赛业绩十分突出。其次，在科研调研中，有93.5%的教师表示科研压力大，发表高水平论文和申报高水平课题难度较大。从发表的核心期刊来看，大部分高职院校马院（思政部）近三年发表的核心期刊数量较少，绝大部分高职院校的数量都在5篇以下。具体分析发表的核心期刊类型发现，主要集中在职业类核心期刊，如《中国职业技术教育》《教育与职业》等。发表在马克思主义理论、思想政治教育类学科期刊的数量较少。从申报获得的课题来说，在调研高校中，获得省级哲社课题的高职院校偏少，仅有10所高校获得教育部及以上课题，其余高校均没有实现教育部课题的突破。

在本次问卷调查中，针对"您在教学过程中是否感觉到理论不足"这一调查，25.6%的老师认为完全没有理论融入；31.9%的老师认为自己理论功底较浅，对理论的运用存在"生搬硬套"的现象，难度大；4.9%的老师认为自己运用理论很流畅；37.6%的老师认为有理论，但是不深入，凑合。研究发现，大部分老师对专业领域的最新学术成果缺乏深入了解，无法将相关基础理论知识和最新学术成果融入课堂教学，并且在教学过程中经常感到自身理论不足影响了教学效果和课程内容的流畅性，因此在解惑答疑中缺乏理论支撑，导致课堂教学无理论深度和思想高度，从而难以将教材中的重难点深入浅出地传授给学生。

科学研究是教学的重要支撑。没有深入的科学研究，就难以将教学内容深化。在调查"从事思政课教学以来，您主持过最高级别的研究课题"时发现，在接受调查的所有教师中，22.3%的教师只主持过一个课题，34.7%的教师从来没有主持过任何课题和项目，这个数据在一定程度上反映了当前高职院校思政课教师的科学研究情况，可以看出思政课教师的科研意识淡薄、科研水平较低，发表在高水平期刊上的论文普遍偏少。高职院校思政课教师队伍呈现出教学业绩较为突出，科研业绩相对较弱的现状。

（四）思政课教师队伍年龄结构情况

通常所说的结构合理有三层含义：一是年龄结构合理，队伍结构由老中青三个层次按合理比例组合而成；二是学历结构合理，思政课教师的学历在本科院校以上，其中硕士、博士比例较大；三是职称结构合理，思政课教师中正、副教授的比例较大。

本次调查发现，公办高职院校思政课教师队伍结构趋于合理，队伍日趋年轻化有利于思政课教师的可持续发展，但存在的发展矛盾也不少。年龄不仅是一个人的心理功能的标志，而且也是知识、经验多少和能力强弱的重要参数。根据对部分公办高职院校的最新统计数据，从年龄结构来看，25~40岁的教师占总数的44%，50岁以上的教师仅有8.9%，由此可以得出高职院校思政课教师队伍形成了以中青年教师为主，能够充分发挥中青年教师的骨干作用，以及发挥优秀老教师丰富教学经验的优势。从长远来看，这种结构模式发展空间大，队伍呈现年轻化状态，表现为青年教师在工作中充满活力和创造力，教学方式灵活多样，善于与学生沟通交流等。职称结构是反映高校师资质量和科研水平高低的重要标准之一。从职称结构来看，讲师及以下人数最多，占78%，其中有副教授、教授职称的教师占22%，职称普遍偏低，大部分以讲师和助教为主，在整体上，不利于队伍结构发展，对于建设高职院校高水平马克思主义学院而言，这是一个值得重视的现实问题。

(五) 思政课双师型教师情况

高职院校具有职业性和专业性特点。《国家职业教育改革实施方案》和《深化新时代职业教育"双师型"教师队伍建设改革实施方案》等文件提出，要大力发展高职院校"双师型"教师队伍，大幅提高"双师型"教师占专业课教师总数的比例。高职院校思政课教师虽然不像专业课教师那样，对"双师型"有很高的标准要求，但是进入职业院校开展育人工作，思政课教师还是要求开展双师认定工作。目前部分高职院校评定职称时都将双师认定纳入了评聘条件。在公办高职院校调研中，思政课专任教师达到初级双师的比例超过60%。中高级双师比例很小，不到10%，这是因为思政课教师可以考取的职业资格证书很少，参与实践的难度较大，而评初级双师的要求相比而言较低，不需要职业资格证书，也可以用其他条件替代参评。在民办高职院校，初级双师占比也超过50%，在中级和高级双师比例上和公办高职院校有一定的差距，但不是很大。在关于思政课教师获得双师证书的意义及作用调查中,部分思政课教师表示"主要参评的动力是为了增强职称评比的竞争力以及享受双师证书的工资补贴",还有的教师从教学发展的客观需要表达了职业院校思政课教师与一般本科之间的区别。职业院校的思政课要紧跟职业教育发展,体现社会实践需要,强化校企合作,这就体现出"双师型"思政课教师的优势。

(六) 思政课教师职业满意度和压力的调查情况

职业满意度是反映职工基本职业素养的一项重要标准。在"您是否满意当前您作为思政课教师这个职业"调查中,66.2%的教师是基本满意或者非常满意的,17.9%的老师是不太满意。整体上说,位于南宁、桂林、柳州的公办高职院校思政课教师的职业满意度相对较高。作为思政课教师工作情况的一种反馈和表达,这个数据具有一定的客观性,这说明思政课教师对该职业总体评价是偏好的,这也成为他们提高自身能力和素质的强大动力。17.9%的思政课教师对自己的职业不是很满意,主要原因有:第一,待遇不高,思政津贴落实不足,存在"打折"现象。第二,学校领导虽然重视思政课教师,但是迟迟没有配足思政课教师,导致思政课教师上课课时太多,压力太大。第三,个别学校还存在双兼情况,个别思政课专职教师还需要到行政部门或者在系部兼任行政干事,职业分工不明确。此外,77%的老师表示目前职业发展压力较大,国家对思政课教师的要求越来越高,他们普遍感觉到焦虑。在进一步的访谈中,超过一半的老师认为,当前高校科研压力较大,评职称需要的竞争条件较高。13%的老师反映压力较小。经过分析,多位年纪较大且高级职称的老师,已经处于退休和半退休状态,因而觉得压力较小。在关于男性和女性教师职场压力的调研中也发现,部分女老师指出,"女性对于教学、科研感受到的压力比男性高,特别是在同等条件下进行比较的时候,有明显的区别"。因此,加强对思政课教师,特别是女教师的人文关怀尤为重要。

(七) 思政课教师培训情况

思政课在职培训是必要且重要的一项师资队伍建设内容,是持续深化思想政治理论课改革创新,努力建设一支政治强、情怀深、思维新、视野广、自律严、人格正的思政课教师队伍，提升教师队伍整体素质，练就过硬的教学科研本领的必然要求。在调研中，高职院校思政课教师人均接受的培训为1.4次每年（校级及以上），超过92%的思政课教师反映近三年学校、教育厅及教育部组织的培训明显增多，可以参与的机会增大，学校对思政课教师培训的经费保障也积极落实。在思政课队伍培训中，88.4%的老师反映培训的效果良好，能有效提高教学、科研水平。7%的老师反映高职院校培训的内容和级别不高，可以增加更高水平的培训项目。在思政课培训项目的选择上，77.4%的老师倾向于线下培训；62%的老师希望出省培训；47.7%的老师希望去北京、广州、上海培训，理由是北上广教育资源丰富，学科发展水平高，能够接触到最前沿的学科知识，对自我提升有用。在师资培训的内容和形式方面，72.5%的老师反映，目前理论培训较集中，实践类培训较少，建议适当增加实践类培训的次数和比重。

二、高职院校思政课教师队伍建设的共性做法

如果将高职院校思政课教师队伍建设作为一个整体来看待，可以从整体效果的把控上看各个高校在开展思政课教师队伍建设过程中采取的共性措施，并在共性措施的基础上分析和总结其一般经验。

一是马院政治站位高，高度重视思政课教师队伍建设工作。思政课是实现立德树人根本任务的关键课程，而办好思政课的关键在教师。通过对思政课教师队伍的有效建设，可以从师资队伍力量的增强上提高思政课管理水平。在调研和访谈过程中发现，马院领导都集中力量去打造高质量教师队伍，以此增强马院在教学科研等方面的实力。首先，马院领导根据现有师资队伍水平，积极协调其他部门，扩充兼职教师队伍作为缓解思政课专职教师不足的主要手段；其次，在现有条件下，积极扩大招聘范围，最大限度地吸引优质教师资源；最后，通过各种合理途径不断提高思政课教师的职业待遇，增强思政课教师的获得感和幸福感。

二是对思政课教学高度重视，科研关注度也在持续提高。思政课教师的首要任务是上好思政课，站稳讲台，对思政课教师重不重视能体现出思

政课教师管理部门在科学管理过程中的态度和价值取向。当前高职院校思政课所面对的部分学生入学分数较低，理论基础偏弱，如何提升思政课教师队伍的授课水平，让高职院校的学生能够真心喜爱教师的课堂，从真知到真信，考验思政课教师的教学功底。此外，在调研过程中，大部分高职院校思政课教师以硕士为主，部分地级市民办高校还存在不少体量的本科毕业的教师，由于教师门槛的降低，在教学能力的培养上必然也会受到影响。针对思政课教师学历普遍不高，部分教师专业不对口的情况，马院也会采取一些共性的措施来强化教师队伍建设的专业性，弥补学历和资历上存在的不足。例如，以进修学习为主要手段提高思政课教师教学和科研能力，公办高职院校在这一方面做得普遍较好，这也是基于学校经费力量及学校领导的重视程度而区分。公办学校每年会安排2~3次带薪培训，主要服务思政课教师，特别是新入职和年轻思政课教师在教学及整体实力上的提升。在科研能力的提升方面，大部分高职院校在这一领域的特色做法和有效经验还不够多，存在明显的短板。大部分教师参与科研的动力不足，在激发科研团队协调能力的管理上也没有特别好的经验及做法，还属于偏向比较保守且传统的管理路径。首先，没有形成科研讲座品牌。在很多本科高校，都会根据马院的实际情况建立马院层级的科研讲座，例如"望道讲堂""守正讲堂"等，通过平台的搭建为思政课教师聚焦科研资源，服务教师科研能力的提升。其次，部分高职院校开始尝试统筹科研资源，形成科研团队合力。在整个高校系统中，由于高职院校偏重技能实践，在传统意义上并不是理论科研的主力，但随着国家对职业教育、实践研究的不断重视，职业院校也开始不断聚集科研力量，服务国家和地方经济发展需要。部分高职院校马院开始在院内按照不同学科专业的知识配比，组建科研团队，有计划、有目的攻克思政课领域的重要课题，特别是通过校外专业的科研辅导、科研奖励机制的落实等方式不断激发思政课教师科研创新活力，逐步提高了高职院校思政课教师的科研水平。尽管如此，大部分高职院校马院仍处于探索阶段，其存在的科研基础和管理水平相对较弱，在相当长一段时间内，这样的状态难以从根本上扭转，只能处于缓解状态。

三是实践教学突出学校特色，特色思政形成品牌效应。高职院校思政课教师在教学上，特别是实践教学上具有一定的优势，所开展的特色思政课实践教学能够形成具有一定品牌影响力的效果，特别是很多高职院校都属于地方特色专业学校，具有丰富的行业资源开展实践育人。例如，卫生类高校可以利用丰富的医学资源开展思政课教学，引导学生从医者的品德上增强职业道德修养和服务社会的意识；建筑类高校可以利用建筑文化资源优势，开展行走的建筑文化"大思政课"，通过传播建筑文化，打造人民建造师，不断生产符合人民居住需要的高品质建筑；生态类高校可以利用地方生态文化资源、学校生态文化教学资源开展"生态之旅""生态研学"等主题思政课，实现校域文化和地方文化有效结合，形成具有高职院校思政课特色的实践活动品牌。总的来说，高职院校在实践教学上有如下共性特点：首先，教师实践教学的创新力逐步增强。高职院校思政课教师虽然在理论授课上存在一定的不足，但是在实践运用上具备较强的组织、协调、管理能力，其中针对实践教学的形式上创新力较高，能结合时下学生关注的热点话题进行有效的实践策划，能够展现出创意、创新，体现出学生的接受视角。其次，利用行业资源进行有效整合的模式值得推广。思政课教师在开展实践教学过程中，主动对接学校企业资源、行业资源，在实践教学的设计及运用过程中，结合行业文化对思政育人进行有效凝练和总结。最后，与学生专业的需求度结合紧密度高。思政课教师与学生交流交往的紧密度较高，部分高职院校在开展实践教学过程中，注重对学生专业的研究，从学生专业的基础知识、发展前景、行业需要等多维度考量，在实践过程中强化专业导向，让学生在思政实践活动中既有思政育人知识的提升，也有专业课程的视野扩大，实现了"思政+专业"合二为一育人的有效性，并得到了学生的认可。

总体而言，思政课教师找到了适合自己特色的发展道路，在教学科研及实践过程中不断扬长避短，集中学校、行业优势，以学生的综合能力成长为核心导向，在教学过程中不断增强马克思主义理论的实践魅力，将教学施展与教师自我能力提升有效地结合，在不断增强思政课实效性的前提下，增强思政育人的科学性。

三、高职院校思政课教师队伍建设存在的问题及原因分析

马克思指出："问题就是公开的、无畏的、左右一切个人的时代声音。问题就是时代的口号，是它表现自己精神状态的最实际的呼声。"[1] 强烈的问题意识是马克思主义理论的固有品质，只有直面问题、研究问题，才能把握问题的实质，找到解决问题的根本方法。整体上了解和把握高职院校思政课教师队伍建设面临的困境、存在的问题可以从以下几个方面着手。

一是高层次人才储备较少，引进思政博士、教授难度较大。和民办高职院校相比，公办高职院校在吸引人才方面具有相对的优势，例如有固定编制、有一定的成长平台、有充足的资金支持等。但是由于思政课教师的职业选择范围除了公办高职院校、民办高职院校，还有部分本科院校可以选择。公办高职院校相对处于"夹心饼干"的状态，一方面和民办高职院校竞争人才有绝对优势；另一方面，优秀的人才又开始流向本科院校。即使具有公办性质的优势，也不是公办高职院校最大的吸引力。总体上公办高职院校面临的人才储备困境主要表现在两个方面：第一，储备专职思政课教师数量不足。在调研中，90%的学校表示近期很难完成足额思政课教师配备。为了达到教育部1∶350的配比要求，很多高职院校思政课教师采用专兼职搭配，将马克思主义理论类相关专业背景的行政人员和辅导员纳入思政课教师储备队伍，缓解思政课教师不足的困境。个别偏远地区的公办高职院校，思政课专任教师总人数还不到10人，难以保证思政课教师的基本配比。第二，储备高水平思政课教师数量有限。目前公办高职院校引进人才的总体条件和吸引力都比民办高职院校强，但是又比本科院校弱，引进具有高职称、高学历的思政课教师难度较大。除了极个别公办高职院校引进到思政博士、教授外，其他高职院校的博士、教授等高层次人才均为本校内培。在这一点上比民办高职院校的情况要乐观。调研发现，

---

[1] 马克思恩格斯全集：第40卷 [M]. 北京：人民出版社，1982：289.

储备高层次思政课教师难度大的原因主要有三个：首先，高职院校人才引进经费制约。在调查中，大部分公办高职院校都出台了具体的人才引进政策，但经费差别较大。其次，公办高职院校思政课成长平台与本科院校相比，资源有限，难以大规模吸引高层次人才的加盟。最后，高职院校思政课教师获得感较弱。部分公办高职院校收入较低、发展缓慢、生源质量差，导致高层次人才在职业发展中获得感、体验感、归属感较差。

二是思政课教师德技研培的覆盖面不广，缺少高层次培训。思政课教师以德为先，师德"教品"放在专业技能首位，部分思政课教师没有参加系统的师德师风培训，教学、科研培训机会也不多，参与的培训级别较低。大部分公办高职院校的培训经费都比民办高职院校要多，适用范围更广，保障力度更强。但是，部分偏远地区的公办高职院校在教学艺术、教学技能培训和研究进修方面与省会所在地的公办高职院校差距较大，部分公办高职院校思政课教师因为经费问题、体制管理问题等原因难以参加高水平的培训。长此以往，将影响思政课的育人效果。在调研中，课题组发现这一类公办高职院校面临德技研培困难主要有以下几个原因：第一，学校思政课教师不足，需要应付大量的教学工作，无法保障有充足的时间和精力去参加培训；第二，学校领导的重视程度不足，将培训、科研更多倾向于专业课程教师；第三，学校经费有限，经费使用限制严格，减少思政课教师培训的项目。这些都是隐含在背后的共性原因。

三是思政课教师双师型比例较低，缺少中高级双师人才。高职院校双师型教师队伍建设，是对接职业教育改革特别是高职院校双高建设的需要。根据国家职业教育改革方案，"双师型"教师（同时具备理论教学和实践教学能力的教师）占专业课教师总数超过一半。事实上，这只是针对职业院校专业课教师而言，对思政课教师队伍并未做明确的双师型教师比例要求。但是，为了加强高职院校思政课教师整体的职业素养能力，高职院校开始强化公共类课程教师队伍的双师型比例，突显高职院校深耕职业教育的发展属性，加强公共课教师产教融合、校企合作的适应力。就目前而言，工科类专业教师队伍双师型教师比例较高，思政课教师队伍双师型比例较低，可拓展提升的空间其实很大，这也是高职院校思政课教师队伍改革发展的趋势和发力点。在访谈中，45%的思政课教师认为有必要开展双师认证，但是也有部分老师持否定和怀疑的态度。关于思政课双师型认证难度的调研中，73%的思政课教师表示初级双师不难评选，中高级要求过高。在进一步调研中，59.8%的老师表示只能达到初级双师的要求。目前按照文化课大类进行申报双师，思政课教师获得初级双师证的比例有所提高，部分公办高职院校思政课教师接近90%的专任教师获得初级双师，这主要得益于文化课大类初级双师条件的放宽，但是晋升中高级双师的条件还是很严格，获得中高级双师的思政课教师比例基本上都低于5%。

四是部分思政课教师干事立业心态不强，缺少职业情怀。恩格斯曾把人的需要划分为三种：生活的需要、享受的需要和发展的需要。思政课教师的职业不仅是生活的需要，更是为国家发展培育时代新人的需要，是个体发展与职业育人特殊性的双重结合。思政课教师应该保持政治要强，情怀要深，思维要新，视野要广，自律要严，人格要正。对于思政课教师，落实立德树人这一根本任务，为党育人、为国育才，必须"干事"还要"立业"。在调研访谈中，发现部分思政课教师干事立业的心态较为消极，特别是极少数有编制的教师，缺少职业竞争的忧患意识，开始满足于职业的稳定性，不像民办高职院校教师，因为缺少编制的稳定性和学校发展的保障性，长期保持高度竞争的状态。还有极个别老师存在不想动、懒得动的情绪心理，认为思政课讲完就算了，忽视育人效果。这些都导致部分高职院校思政课教师缺少干事立业的职业心态，形成职业倦怠和自我安逸的心理倾向。长此以往，难以培养出一批具有区域影响力的高职院校思政课带头人和影响力人物，直接制约高职院校思政课教师队伍的"强"实力。

五是缺少思政课教师退出机制，竞争氛围不够浓厚。目前绝大部分高职院校都没有实行思政课教师队伍进退激励机制，还属于传统的教师队伍稳定机制的搭建，多数高职院校马院属于只进不退，特别是公办高职院校，待遇和福利都比民办高职院校要好，部分思政课教师缺乏危机意识，也没有跳槽的意愿。从客观环境到主观心态都没有足够的职业危机感，缺少竞争活力。加上1∶350的配比红线的要求，很多公办高职院校其实都存在思政课专任教师配比不足的实际情况。为了满足配比，绝大部分高职院校思政课教师都不会被清退。长期的稳定性让部分教师滋生职业惰性，缺少竞争力，影响思政课教师队伍"活"的氛围。相比而言，由于职业生存环境不同，部分民办高职院校思政课教师为了日后的发展会更加注重职业发展的自我建设，提升自己职业发展的活力。在这点上，公办高职院校思政课教师队伍建设需要多考虑职业激励机制的介入，盘活教师队伍，形成有进有退的良性机制。

六是部分思政课教师职业心理压力较大，存在职业倦怠。对比民办高职院校，公办高职院校思政课教师的职业环境相对稳定、职业发展的连续性更好。但是，部分公办高职院校思政课教师的职业心理也会存在波动起伏状态。例如，在职业发展资源的分配利用、职业晋升通道、学校平台是否满足个体需要等方面会存在心理压力。部分公办高职院校思政课教师获得的资源分配是不均衡的，课程收入也存在校际的差异，科研机会、社会实践机会等也和本校其他专业存在差异，导致很多高职院校思政课教师存在职业心理压力，直接影响思政课教师育人工作的开展及育人效果。此外，在当前知识经济的时代，社会上有很多人对思政课的重要意义和思政课教师的重要角色缺乏认识，错误的职业观念和用收入水平来衡量职业前景的观念也会影响思政课教师的心态和价值判断，部分意志不够坚定的思政课教师甚至将思政课仅仅看成一份谋生的职业，形成嘴上一套，心里一套的"两张皮"现象。社会环境不仅影响着教师的思想状况，而且也极大地影响了学生的世界观、人生观和价值观的形成。

以上这些问题和原因都会直接或者间接地影响思政课教师的职业定位和职业心态，使其产生职业认同感偏差和职业倦怠。长此以往，部分思政课教师的育人情怀开始衰减。这些都深刻影响着思政课教师立德树人职业情怀的持续生成和开展思政课育人的动力。

第四章

新时代高职院校思政课教师队伍管理制度建设

思政课教师队伍建设是一项系统工程，其中制度管理是重要的保障。在课题调研过程中，课题组针对高职院校思政课教师队伍制度建设进行有针对性的访问，部分思政课教师及马院的管理层都表示，思政课教师队伍主要是关于人的管理，在管理的科学视域下，通过制度进行有效管理是最重要的方式，可以防止"以人管人"的随意性和主观性，确保思政课教师队伍健康有序地成长。

一、思政课教师管理制度的现实重要性

思政课教师管理制度的制定和落实是一项实践意义很强的工作，对于高职院校马院而言，这既关系到马院运转的有效性，也关系到思政课教师群体成长保障。所以，在考虑其设计及运行时，马院制度建设团队要注重其现实操作性，要从顶层设计的高度去理解及把握思政课教师管理制度的价值实现，特别是从目前马院教师队伍面临的现实困境角度出发，以此为依据，通过数据分析、个别访谈、模型建构等形式展开分析。从制度建设的基本规律看，要从思政课教师管理的发展基础、思政课教师选人用人标准、思政课激励机制等方面去考虑思政课教师管理制度的现实重要性。

（一）思政课教师队伍的发展基础

管理制度是思政课教师队伍发展的基础，这个基础从一般意义上讲，必然是带有直接的、可观察的价值，是思政课教师队伍建设的前提。从发展逻辑的角度看，管理制度是基础性的基石，好比建设一座大楼，地基是稳固的保障，是保护大厦在正常抵抗力作用下能够坚挺地存在及保护里面的事物。同理，对于思政课教师而言，制度的确立，首先是基于思政课教师队伍基础性工作开展的保障。例如，思政课教师人员配比、选人用人的基本选择依据，可以通过思政课教师发展的制度进行有效的保障，确保思政课教师在开展过程中能够稳固地保持有序的节奏。

一是用选人用人标准把控思政课教师进出的有序性。思政课教师选人用人是把握思政课教师队伍质量重要的"阀门"，对思政课教师整体质量具有核心作用，特别是对人的管理上，从源头把控选人用人标准可以最大

限度地提高教师的培养效率，实现教师队伍科学合理的配比。选什么样的思政课教师是首要考虑的问题，要从制度建构上明确选人的标准、规范和基本要求。例如，选人标准的制度建设。对于思政课教师这个特殊岗位而言，选人是保障思政课政治性的基础。首先，在选人上要确保是中共党员或者中共预备党员，在政治性上保证其坚定的政治立场；其次，在选人的学科要求上，要以马克思主义科学理论为主，对部分学科的分散部署要有基本的规定，提高交叉学科的基本比例，构建和谐有效的学科配比保障；最后，在制度规范中要罗列基本的要求，如规范性要求和必备性要求，或者结合当前思政课教学需要、社会实践需要、课程建设储备需要等现实要求，在配比过程中增强制度细节的规范性。

二是用过程考核的制度激励思政课教师不断干事创业的积极性。过程考核是对思政课教师整体发展状况的有效监督和"透视"，也就是用激励制度去有效激发教师干事创业的信心和决心。对于教师而言，首先考虑的是其客观主体性，即人的自我成长性，在成长的过程中要结合教师主体的自律与他律两个维度开展考核工作，一个常规自律任务的完成情况是教师队伍自我成长的首要考虑点。其次，要考虑他律给教师带来的任务分配和激励动力。事实上，对于部分自制力较弱的教师而言，在职业规划和业绩成长中需要自我激励才能有效完成职业岗位要点，但他律的植入，即激励机制的介入，可以有效实现在客观条件下思政课教师的业绩成长。目前调研的部分高职院校也反映出这一制度的内在特性，高职称的教师显然在个体追求业绩的动力上呈现曲线下滑的状态，尤其是到职业发展的后期，随着年龄的增长和精力的下滑，年龄与业绩之间的关系呈现出较为明显的反向曲线。对部分思政课教师的访谈也印证了这一现象，有些教师表达，在没有学校明文制度的约束下，个人业绩对现有职称不构成"有利性"作用，即职称需求已经不需要再为其增加努力的动力，而成为个体职业成长的主动性和自觉性，这种依靠自我约束和要求实现的业绩增长缺乏稳定性。但是如果学校有明确的对应职称考核要求，部分教师则回归到他律的状态下，其个人业绩将有一定的增长上升。所以，要想激发思政课教师的主体性，为马院增加更多优质业绩，需要从激励机制的完善上着手，形成业绩指挥棒，实现自律与他律的结合，这样才能有效调节思政课教师成长中的业绩产出及效能发挥。

三是用完善的人才培育制度保证思政课教师队伍的有效成长。思政课教师队伍建设需要不断优化人才结构，在人才培养上不断增强教师成长的适应性，建立结构完整、成长有序的思政课教师队伍。首先，年轻思政课教师是培养主力，是人才培养制度要优先考虑的群体。从目前高职院校马院来看，思政课教师群体普遍年龄较小，从成长需求来看，是最应该照顾及解决的群体，是稳定和发展思政课教师的基础。在人才培养制度上，要让思政课教师，特别是年轻思政课教师看到成长的空间和期望，也就是业绩要求、培养形式、培养路径上要有针对性地区分度和体现关怀的要素。其次，骨干教师要担当课程建设的主力军，并成为提高学历的重点对象。如果说年轻教师是马院发展的基石，那骨干教师就是马院行稳致远的顶梁柱。骨干教师在学历提升、能力进阶、岗位担当上都被寄予厚望。在培育制度设定的过程中，要将骨干教师业绩能力提升与职业长远发展规划相结合，要有骨干教师对应岗位核心素养及能力体系建构的逻辑适应性。对于年纪较长的教师，其培养的重点在于现代技术的使用和新的教学思维的养成，对教学内容的更新上要着力强化。思政课教师年长群体及高职称群体在高职院校属于金字塔顶端的少数人群，虽然有高职称的加持，但由于进入了职称的高阶阶段，其自我提升的动力明显下滑，特别是在没有学生带及学科平台建设的基础上，其"躺平"现象时有发生，其面对新的教学内容的不断变化和信息技术在教学中的运用也存在明显的"吃力"现象，这是现实存在的客观问题。基于此，对高职称、年长教师群体的培养要从教学的"再次适应"出发，强调其所处位置及年龄的特性，呈现出和年轻教师不一样的培养机理。

(二) 思政课教师队伍长效管理的保障

制度建设主要侧重于对效果的保障，是规避教师队伍建设风险，把控教师管理长效运作的"屏障"。对于高职院校而言，思政课教师队伍在原有基础上的提升面临的成长空间有限,在内外力结合的基础上如何实现效果增强、过程增效是需要着力考量的事情。对此,可从思政课教师队伍建设内部各要素协同发展、队伍建设具体效果的稳定性、队伍后续发展动力的持续性三个方面提高制度对思政课教师的保障力度。

一是保障思政课教师队伍内部成长各要素的协同性。思政课教师队伍建设要遵循系统发展理论,将思政课教师队伍建设要素看成一个个独立又互相促进的关系,如何将这一独立大系统内部各要素激活是关键。首先,教师成长涉及教学、科研、学校公共服务、社会实践等大环节,每一个大环节内部又由各小系统构成。例如,教学环节中要关注教师的教学专业性、教学态度的稳定性、教学情感的持续性、教学创新的超越性等,每一个细节都是制度建设要考虑的对象。但由于制度管理不能无限"下拉",必然在折中过程中寻找管理的"适位点",形成合理制度管控的空间位置,避免形成制度冗长、管理不畅的现象。其次,要从内部各系统要素的协同成长角度出发制定制度。思政课教师制度建设要综合考虑内部各要素系统之间的协调性,如教学管理与科研管理之间的占比、社会实践与理论教学之间的业绩兑换,通过各要素之间的合力有效建构出制度管理之下教师成长的科学性和稳定性。最后,注重制度长效管理的评价。思政课教师队伍建设不是制度单方面约束必然实现的优质成果,是需要在长期的实践中反复酝酿和反复检验的成果,要注重实践检验的客观性,特别是要从教师成长的内部规律出发,总结教师成长内容各要素之间的协调力,不断优化制度建设,促进而非限制制度服务教师成长。

二是保障思政课教师队伍建设具体效果的稳定性。思政课教师队伍建设是一项长期工作,需要在稳定的基础上进行制度建设及改革,确保教师队伍行稳致远。从内在管理上看,稳定性主要侧重于改革力度的把握、改革项目的落地、改革方向的科学。这三个方面架构起制度建设的稳定性。首先,从改革力度的把握上看,各大高职院校在教师队伍建设制度的管理上都倾向于求稳,大刀阔斧的改革显然会在速度和效率上产生"意外",需要做好制度改革的风险防范。例如,部分高职院校马院对马院教师整体能力的可塑性研究不够充分，在制定成长目标及整体规划时，缺乏一定的前瞻性和评估的准确性，以至于制度实行过程中，教师产生抵触心态，反而影响教师队伍整体改革的前进步伐；还有的学校在思政课教师的职称课时、要求上放大业绩要求，制定的目标缺乏实践的可行性，以至于教师难以完成，影响整个制度管理的后续跟进。其次，制度改革的落地要轻，避免制度改革对教师育人心态产生负面影响。在落地过程中要以"稳"作为关键，考虑制度落地是否适合本校思政课教师的实际需求，可以通过阶段性的实行进行制度的考量，再通过阶段性实行效果来测评制度是否固化。最后，制度的稳定也取决于制度管理的方向，是以产出最大成果为导向，还是以激励制度为导向，这都决定了制度建设的稳定性。

三是保障思政课教师队伍后续发展动力的持续性。一个制度评价是否科学，关键看能不能为教师队伍成长提供可持续的动力。在现实中，部分高职院校教师队伍建设制度由于制定过程中忽视学校教师群体特性，难以从根本上体现出教师成长的"柔和性"，导致制度修整跨度时间较长，不能为思政课教师成长提供足够的空间及持续动能，这样的制度最终也走向了停滞。首先，制度建设要考虑教师业绩产量的稳定性和持续性。对于教师主体而言，在相对稳定的时间和空间内，其产出的业绩数量具有相对稳定的特性，在有效的精力和激励机制下，在业绩产出轨迹上可能会有"波峰"出现，但是要考虑整个产出数量的顶峰值，不能一味地以业绩数量的叠加作为后续考核的前置条件。其次，要考虑教师发展的可接受性。用制度对教师进行业绩管理、成长管理首先要考量思政课教师的个体独立性，也就是要从个体成长的规律中把握教师成长的目标值，不能一味地将教师作为业绩"机器"，用固化的思维激发教师不合理的业绩竞争，或者以"业绩"为唯一导向的成长发展，要兼顾教师在制度规范下的心理承受能力，以此维系教师团队的凝聚力。最后，要考量教师评价的长远性。制度是服务教师发展的保障，但是并不是所有的制度都会产生长远稳定的正向效果，特殊情况下的制度和面向长远规划的制度是有差别。基于此，要从正向能力的激发角度考虑思政课教师制度建设的长远性，特别是对教师考评的条件要素、时间跨度、绩效合理分配等都要有基本的前瞻性，避免制度建设的反复性导致对教师管理考核的重复性，不仅影响了教师自我发展的长期规划，也从一定层面降低了教师对制度的满意度。

总的来说，制度建设是确保高质量思政课教师队伍建设的重要渠道和载体，也是思政课教师长远发展、实现队伍建设长效化的有效保障。制度建设的管理者要实事求是地从目前马院教师的实际出发，有针对性、有适应性地开展制度建设。

(三) 解决思政课教师发展问题的依据

从事物发展的规律看，一般而言，制度建设具有滞后性。因为在制度建设之初，是把客观现实产生的问题作为依据和前置条件。但制度管理的时间有一个稳定周期，在更改过程中相对于客观事实的发展就产生了一定的滞后空间和时间。

一是思政课教师队伍建设的发展具有一定的稳定性，其产生问题相对可控。思政课教师队伍建设在人员配置、课程建设、教学科研管理上都具有一般教师队伍管理的稳定性。在制度建设方面有可控性的要素存在，也就意味着在制度建设的调研及成形过程中，思政课教师队伍的配置要素已经有了可预见的发展空间和对问题解决的可控性。例如，职业院校思政课教师队伍建设要强化职业教育特色，这必然要在思政课教师队伍管理制度的建设中体现职业教育的发展特色，用制度的一般规范去要求思政课教师参与企业合作的实践类锻炼，并赋予要素考核规范，这类要素对应的制度建设则具有长期稳定性，体现出与学校发展的关联性，是属于必然考虑的要素。再如，思政课教师在职业发展中形成的职业倦怠如何用制度去规避，也成了常态化管理中一个很直接的考量要素。对于职业发展规律的把握要从制度建设上体现出来，例如教师评完教授职称之后如何规避教师的"职业倦怠"和所谓的"躺平"情绪，解决这个问题可以从业绩考核的基本点、年限业绩点、职业情怀等方面开展制度建设，保障教师队伍常态管理的制度可控性。

二是思政课教师队伍建设的发展在特殊情况下具有突发性，制度建设要预留紧急事态的空间。制度建设除了要保证常规工作的顺利完成，还要从规避特殊情况的需要着手，解决问题。例如，在特殊政策落实的情况下，思政课教师队伍人数和质量的快速保证。特别是为了满足1∶350的政策需要，很多学校马院就面临"特殊任务"，即在短时间内按照要求配足配齐思政课专职教师。面对相对比较"紧急"的任务，需要从制度上着手解决面临突发状况而要约定的细节和规避风险。有的学校会在思政课教师队伍建设制度中划开"区域"，专门研讨思政课教师队伍风险把控的机理和特色情况的预判。很显然，对于特色情况的预判既是对管理者在思政课教师队伍建设领域长期扎根的经验考量，也是对管理层顶层设计的"智慧"考验，更是对思政课教师队伍建设政策的敏锐把握。

三是思政课教师队伍建设的发展需要制度去规避主观意见的随意性。思政课教师队伍建设是一项客观性强、讲求科学性的人才管理工作。部分老教师在访谈中也谈到，"过去思政课教师和其他教师混在一起上课，没有相对独立的制度建设，人员管理基本上靠'自律'"。为了更好地把握教师队伍成长的规律性，增强教师队伍建设的实效性，要从制度的规范性和科学性角度去抓住教师队伍的关键。例如，教师队伍选人用人标准是规范性标准还是以"人的意志"为标准，教师考核业绩的评价条件是按照同行平均水平还是按照发展要求的"越级"空间进行划定，这都是制度规范应该明确的关键点。特别是当前马院竞争已经处于"白热化"状态，在高职院校马院的建设上，形成了良好的竞争氛围，各大马院从人才队伍招聘，特别是高层次人才队伍的管理上下足功夫，在博士人才及教授人才的队伍建设上通过制度的规范和激励，形成人才聚集效应；还有的马院在教学科研奖励机制的建设上努力，参加国家级比赛分级分类进行高额奖励，还有的学校在科研管理上实行超业绩奖励制度，将业绩分类不同的大类和小类，按照类的规范来进行奖励，再以团队的形式巩固业绩成长动力，不断在奖励机制上实现业绩的"翻倍"成长。虽然这些制度在一定程度上规避了"人为"要素的随意性，但制度的建立并不是一味地用管理的固化手段去成为获取倍速业绩的理由，还要考虑在规避人的随意性的前提下努力做到制度建设与人文关怀相统一。也就是某些特殊情况下，对教师发展的人文关怀要体现制度没有的"温度"，以实现情感管理和制度管理的衔接统一，特别是在业绩考虑的认定上要注重教师群体之间的个体差异，以个体差异的客观性去完善制度。

总的来说，制度建设是思政课教师队伍发展的基本依靠，是解决思政课教师队伍发展过程中普遍及特殊问题的依据。随着思政课教师队伍发展速度越来越快，对思政课教师成长的要求与岗位业绩考核要素也会不断增多，这是客观环境给教师队伍管理制度建设带来的影响。基于此，要以教师队伍建设中问题产生的缘由、问题发展的过程规律、问题走向的机理等方面的把控，实现教师队伍建设问题从一般规律的客观认识到可控制前瞻发展的转变。

（四）提高思政课教师职业自律的规范准绳

思政课教师职业自律是与教师他律相统一，是在思政课教师队伍建设中常听见的词汇。在教师队伍管理过程中，自律指向个体内部成长的动力及定力，而他律更多地指向在外界管理后对人的自我行为的约束力。从心理学角度看，自律是管理效果中最深入的原动力，是教师成长最关键的核心。从思政课教师职业属性看，要达到教师自律的规范，实现教师成长的可塑性，必须从职业自律的制度规范着力。

第一，制度规范是确保教师整体发展的指挥棒。思政课教师发展既要注重个体成长的空间和时间，也要从教师队伍的整体性视野去促进队伍的稳定发展。从整体到局部，其中涉及的是教师队伍内部结构稳定、要素齐全的管理艺术。如果从目标指向上看待教师群体发展的稳定性，那稳定的中轴基石是什么？很显然，在客观评价体系的构建中，制度保障是教师队伍建设的"压舱石"，是教师整体发展的"指挥棒"。首先，教师队伍建设需要指标的合力确定。教师发展是综合要素在个体成长及集体发展上的表现，需要科学合理地制定教师成长的关键要素指标，作为教师成长的指挥棒。其次，教师队伍发展需要目标指挥确定努力程度。教师队伍建设涉及教师教学能力、科研能力、实践能力、企业实训、社会服务等，每一项任务都要求教师清晰地了解具体任务，并能结合教师整体发展的要求对自我发展有清晰的架构和安排。例如，个体发展是以个体的观念为首要因素去衡量自我的发展需要还是基于教师团队整体发展的需求作出个人的适应性调整，这显然就是一个思维的问题。

　　第二，制度规范从形塑的层面指向教师个体职业素养的提升。教师职业素养是教师安身立命的核心竞争素养。从个体的需要角度看，职业素养的成长是指教师在从事职业活动过程中秉持的教育态度、教育理念、教育行为的过程集合。很显然，个体职业素养并不能在个体有效的自觉过程中持续性维持，需要自律与他律的双向协调，而这个他律主要指向制度在规避风险、防范个体道德行为走向"滑坡"方面的防范"屏障"。首先，制度规范是教师职业行为的标准。教师职业行为是社会化发展的产物，是集体以及社会对教师整体形象建构的体现。对于教师而言，职业行为的标准确立是面向集体要求的共性需要，并不是针对某一个个体的标准。从教师行为标准的规范化而言，制度的建立就是对教师标准的固化要求，这个固化要求并不是静态的过程，而是随着社会对教师群体要求的评价而不断变化。其次，制度规范有利于教师个体职业素养的自发性成长。教师职业素养是否能自发形成，这个要从人的认识规律看。人对于教师群体职业素养的认知是建立在对教师行业认识的基础上形成的自有观念，这种自有观念既是自我成长形成的对教师职业的态度和观念的集中体现，也是集体规范与制度规范在个体内心中呈现的投射和结果。最后，制度规范能不断激发教师正确职业价值观的自我完善。教师职业价值观是制度规范之下，对个体职业素养、职业行为在价值观念上的集中表现。制度管理与规范主要从外在评价的影响及社会观念的矛盾调和中确立适应教师需要的行为保障，是限制性行为与规范化行为、积极行为与消极行为之间的磨合，最终以标准化、规范化、科学化的形态确证。

　　第三，制度规范从心理层面指向教师个体行为规范的内化。教师行为规范的制度建设首先是基于对教师常规行为的直接制约，是面向教师全体职业行为的约束，从管理者的心理意识来看，这是基于管理心理的制度体现。从制度规范的心理层面看教师行为，主要体现集体观念的意识动能在行为表现中的激励作用。例如，教师奉献的担当精神会写入教师行为规范的制度条例中，用以提醒及约束教师教学的心理及行为。从心理与行为的建构逻辑看，一是制度规范会从心理暗示上提醒教师恪守职业行为。心理学认为，教师遵守职业规范需要从外部环境的营造上发挥个体暗示功能。对于制度而言，其规范化背后是管理层及绝大部分成员对于共同价值追求的反映，也是绝大部分成员能接受的规范化行为要求，从心理学层面分析，是一种对成员内心行为的约束和暗示。二是制度规范会从心理归属上强化教师对集体制度的认同。心理学上强调行为规范的制度认同，这里的认同多指对制度建设后规定要求的认可和遵守，是基于群体认可的制度条款。对于思政课教师而言，在自我成长的过程中要明确制度给予的心理暗示及心理归属感，这很大程度上体现了制度管理的人性化，也就是从内心的接受度上去强化教师对集体政策和机制的认可。三是制度规范会从心理的动能上激发教师在制度的指引下强化职业创造力。制度建设在很大程度上不仅是为了稳定成员的心理认同，也需要在有效的制度条款中最大限度地提高员工的工作积极性和主动性。在思政课教师群体管理的制度建设中也不例外。首先，制度管理从心理暗示上激发教师在规范要求的前提下享受业绩获得的认可及鼓励，这对于有限教学资源的激励分配具有重要作用。其次，制度管理在合理空间内让教师群体产生合理竞争及有效竞争。这里的合理竞争是规范化制度赋予的合理空间，也是教育群体在合作竞争中相互提升的有效路径，是思政课教师队伍长期发展的矛盾运动的体现。最后，教师群体的竞争会提升制度管理的科学化水平，起到教师管理与制度完善直接相互依赖又相互促进的关系。

总的来说，制度管理推进教师群体自律成长和规范成长是关键的体现，但也存在一定的隐患，如制度规范的历史遗留问题，制度限度的不充分性，制度在发展中的滞后性等。因此，制度管理要充分考虑制度本身的合理性和科学性，才能进一步上升到教师管理的实际操作过程和检验效果环节。

二、思政课教师管理制度建设的原则把握

思政课教师管理制度既有涵盖在全校教师队伍建设的整体范围之内,也有马院独立开展的部门制度建设。从整体管理上看,思政课教师队伍建设是系统化的制度建设规范,而不是单一独立的个别制度的开展。综观当前各高校对思政课教师的管理制度,其数量众多,在具体的要求中也体现出不同高校的管理水平和管理要求。总的来说,制度建设属于顶层设计,涉及的对象和范围具有相对固定性。为了更好地加强对思政课教师群体的管理,激发思政课教师干事创业的积极心态,保障思政课教师成长的可持续性,必须增强其制度建设的合理性和科学性,因此在建设的过程中要把握如下原则。

(一) 思政课教师管理制度的科学合理性原则

制度建设的基本要求是要体现合理性原则。部分思政课教师在调研过程中反映,学校在对思政课教师管理过程中,部分制度的条款设定较高,没有按照学校发展定位和教师实际水平来制定,以至于教师成长过程中遇到较大的心理压力及外部压力,不利于教师群体健康成长。对思政课教师管理制度的科学合理性原则,要从对标国家要求、弹性空间、职业成长空间三个维度进行有效设定。

一是对思政课教师的基本要求要对标国家要求。党的十八大以来,以习近平同志为核心的党中央高度重视思政课教师队伍建设,制定和发布了多项关于思政课教师具体行为规范的规定。例如,教育部印发《新时代高等学校思想政治理论课教师队伍建设规定》,明确思政课教师的首要岗位职责是讲好思政课;高校应当根据全日制在校生总数,严格按照师生比不低于1∶350的比例核定专职思政课教师岗位。思政课教师要引导学生立德成人、立志成才,树立正确世界观、人生观、价值观,坚定对马克思主义的信仰,坚定对社会主义和共产主义的信念,增强中国特色社会主义道路自信、理论自信、制度自信、文化自信,厚植爱国主义情怀,把爱国情、强国志、报国行自觉融入坚持和发展中国特色社会主义事业、社会主义现

代化建设强国、实现中华民族伟大复兴的奋斗之中,为培养德智体美劳全面发展的社会主义建设者和接班人作出积极贡献。从教育部对思政课教师岗位职责和要求的文件看,各个学校在思政课教师队伍建设过程中要对标国家要求,在国家指导性意见的基础上根据各省各地区学校的实际情况有针对性地对要求进行补充和具体完善。但是在完善和制定配套措施的过程中不能层层加码,对思政课教师进行以"简单加码"为指向的要求,没有考虑教师成长的科学性。

二是对思政课教师的基本业绩要求要有弹性空间。思政课教师和其他教师群体一样,都面临着"被考核"的现实要求。从学校管理的角度看,教师群体要实现良性竞争及发展,就必须从管理及考核上下功夫。但是,考核思政课教师教学基本业绩不能"一刀切",也不能直接照搬其他学校的政策,忽视学校思政课教师的成长特点和实际情况,而要留有弹性空间。例如,在本科院校,由于平台高,很多博士等高层次人才在教师教学、科研方面能够完成国家社科、中文核心等考核要求,但是对于基本没有科研平台的高职院校而言,如果以国家社科基金和中文核心作为考核思政课教师业绩的基本要求,显然没有体现出科学性,也没有体现出教师业绩要求的适应空间,缺乏针对性。对于高职院校思政课教师而言,应该注重基础业绩和教师教学水平的提高;在科研能力上,注重其成长空间,应该从符合高职院校思政课教师发展特点的规律出发,探讨既要有高端科研产出的期待,也要有适应教师成长的接地气的科研指标。

三是对思政课教师的职业成长要有发展空间。思政课教师制度建设很重要的是要给教师提供足够的成长空间,避免教师失去工作的积极性和对未来期待的预见性。在制度制定过程中,要集思广益,从学校的发展定位出发,从马院建设的中长期规划出发,从思政课教师群体的阶梯发展需要出发进行调整。例如,职业院校强调教师职业素养、教师职业能力、教师对接企业和社会的能力培养等,这就需要从制度的规范和制度的建设上强化对思政课教师校企合作能力的成长培育,引导思政课教师关注职业教育发展动态,在教学过程中要有职业教育的"讲课味道",也要有在研究中植入职业教育发展特点的科研关照。再如，在思政课教师学历提升方面，要兼顾不同类型的教师需求，对拟攻读博士学位的教师要有鼓励和配套政策支持，也要有不断提高思政课教师自我提醒的觉悟和成长的规划；对于不想攻读博士学位但是又有成长需求的老师，可以借助国内外高端访问学者项目、中西部教师成长计划等项目引导教师根据自己的需求制定个人成长的职业规划。

(二) 思政课教师管理制度的适应性原则

适应性是思想政治教育重要的原则，在思政课教师队伍建设中也是如此。在日常师资队伍管理中，让教师适应制度的制定和执行是常有的规定，但要构建教师与制度之间的和谐关系，必须从源头着手，在制度的前期，针对教师群体特色实际、学校发展需要、职业教育前景需要等要素进行适应性适配过程，确保制度建设的稳定性和可持续性。一般而言，思政课教师队伍制度建设的适应性主要侧重于结合思政课教师队伍发展的政策需要，适应新时代思政课教师队伍的长远发展、适应职业学院教师队伍原生性特质、适应学校中长期规划的教师发展需要。

一是适应新时代思政课教师队伍的长远发展。学校在制定思政课教师队伍制度规范之前，对国家关于思政课教师队伍建设要有前瞻性学习和全方位的了解。制度建设不是简单地将条条框框的要求叠加在一起，而是针对国家对思政课教师的具体要求，结合学校实际，依据国家政策，有针对性地制定符合本校特质的思政课教师队伍条例。针对思政课教师岗位职责、思政课教师"六要"、思政课教师教学科研任务等，要在充分研究国家政策的导向过程中，理解思政课教师队伍发展的本质需要是什么，明确思政课教师队伍建设的主导性方向是什么，进而提出政策解读和执行过程中需要克服的地域困难。例如，国家对思政课教师职称晋升过程中要求破"五唯"，要兼顾教师业绩成长的过程性，不能简单地以论文和课题的数量作为"一刀切"的标准，后者不仅违背国家对思政课教师队伍发展的规划，也不符合教师成长的实际要求。从思政课教师的岗位要求看，上好思政课是首要任务，育人不仅体现在论文课题的数量上，还要体现在日常育人工作及由此形成的经验业绩。

二是适应高职院校教师队伍原生性特质。思政课教师队伍制度的适应性不仅要从顶层设计的角度去考量与国家政策的衔接契合性，还要兼顾所在高职院校思政课教师原生性的现实特质。这里所谓的原生性特质既要表现为教师群体的专业、学历、职称等基本信息，也要考虑本校思政课教师的职业规划、职业动力、职业适应性等问题。例如，针对学校思政课教师普遍学历不高的情况，在教师队伍建设的制度规范中，要着重于高层次人才的招聘，要完善思政课教师学历提升的制度规范。在思政课教师职业动力的引导过程中，要适应高职院校教师成长规律和发展路径，着重引导思政课教师结合高职院校发展的特点和需要，提高思政课教学对职业教育的适应性。

三是适应学校中长期规划的教师发展需要。不同的学校对于本校思政课教师发展的要求和规范有所不同。对于思政课教师而言，在职业发展通道上，既有对职称的诉求，也有对薪资待遇的基本要求。对于高校而言，不管是从当前思政课教师队伍的稳定性建设出发，还是从中长期学校人才梯度的建设来说，从教师发展需要的角度去解决问题，以制度规范来适应教师发展的需要是必然也是急需。首先，制度建设要解决当前本校思政课教师面临的核心问题。制度规范是为了对思政课教师成长做明确性规定，对思政课教师成长过程中出现的问题有处理依据，保证教师队伍的稳定性。其次，制度建设要解决思政课教师未来成长过程中极有可能出现的新问题、新事态。在调研过程中，部分教师提出，一方面，学校的制度建设经常修改，缺少连续的稳定性，对未来发展的大方向把握不清，以至于教师与学校制度之间存在认知结构及实际行为结构之间的矛盾。另一方面，对教师中长期规划的定位较高，不符合教师发展的实际需求，也就是两者产生了不兼容的"不适应性"，以至于制度发展过程中教师群体难以适应制度的需要，对过程考核及业绩需要有意识上的"冲突"。

不管如何，思政课教师群体的发展始终是不断前进的，始终是在学校教师队伍的全局里面发展，在关于思政课教师与制度的关系解读中，不能简单地理解为"谁适应谁"的问题,而是以相辅相成的关系引导思政课教师与制度之间相互成就,在双向适应中不断向前发展。

(三) 思政课教师管理制度的人文关怀原则

思政课教师队伍的制度建设首先看到的是思政课教师独立的个体,要从人的发展角度去看待制度的建设。人是有感情的独立体,在人的发展过程中会面临诸多现实困境,这些困境对教师成长的职业需要都会产生逆向梗阻。在管理思政课教师队伍过程中,简单地将对教师的管理理解为政策制度对标对表的"硬管理",显然既不符合现代人性化管理的趋向,也不符合教师群体的和谐发展。因此,在教师队伍建设过程中要关注教师的人文关怀。要深入分析思政课教师人文关怀的适用性,首先应该明确,何为人文关怀?从人文关怀的外在表现及内在规律的把握可知,人文关怀的核心在于肯定人性和人的主体价值,关注人的生存状况,尊重人的尊严与符合人性的生活条件,并追求人类的解放与自由。它强调对人精神方面的重视和尊重,不仅关注人作为物质生命的存在,更看重人作为精神、文化的存在。对于思政课教师而言,在进行制度管理的过程中应该如何让制度体现人文关怀呢?

一是承认人的多重存在性。人不仅是物质生命的存在,更是精神、文化的存在。教师是社会分工的产物,对教师职业的标签是社会发展进步的体现。然而,对教师职业光辉形象的肯定不代表对教师主体性,即人的本质规定性的否定。通过制度建设管理教师,引导教师成长,从目的上看并无问题,也是现代教学管理常见的手段和方式。但以教师成长为名,以非科学合理的制度牵制教师独立个体,这就违背了制度建设的初衷。所以,思政课教师管理制度及规范要体现出对教师本体精神及文化的需要,关注教师群体在业绩产出及发展过程中的精神独立性,不能以压迫及过度施压的形式管理教师。

二是在制度建设中体现人的价值统一。人文关怀追求人的个体价值和社会价值的统一,将人既视为手段也视为目的。作为独立个体的人,思政课教师在社会发展过程中不断按照社会要求塑造自我形象,既要有教师职业的普遍共性，也要展现出思政课教师群体的特性。从职业担当看，思政课教师为党育人、为国育才，是肩负培育时代新人重任的职业。在制度管理的过程中，既要兼顾教师个体的利益，也要引导教师与社会发展同频共振，实现个体价值与社会价值的有效统一。如何在制度管理中体现这一要求呢？事实上可以从教师发展的指标要素中进行引导，例如参与志愿服务、参与乡村振兴活动、参与校企合作等，用柔性化的政策指令引导思政课教师将个体价值与社会价值有机结合。

三是关心教师的多层次需求。根据马斯洛需求层次理论，人文关怀不仅关心人的物质层面需求，更关心人的精神文化层面需求，致力于满足人的自我发展、自我完善的需求。思政课教师队伍的制度建设要体现出制度的合理引导性，在引导教师成长过程中要体现出对教师全面而深刻的关心和尊重，体现对人类本质和价值的深入理解和追求。因为在现代社会中，强调人文关怀对于促进人的自由全面发展、构建和谐社会具有重要意义。

总的来说，制度建设过程中对思政课教师进行人文关怀至关重要，教师作为培养下一代的重要角色，他们在教育工作中付出了巨大的努力和心血。因此，对教师进行人文关怀不仅是尊重他们的职业贡献，也是提升教育质量和促进教育事业发展的必要条件。

（四）思政课教师管理制度的前瞻性原则

思政课教师管理制度相比现实社会发展的状况具有一定的滞后性，这就决定了制度建设需要周期性的调整，以不断适应思政课教师队伍出现的新情况。为了符合学校思政课教师队伍建设的一般性规律，部分学校在对教师队伍制度建设过程中都会考虑制度的前瞻性，即制度管理需要适应一定的周期发展需要。那么，前瞻性在思政课教师队伍建设中如何发挥作用？在具体的政策制定和实施过程中又如何有效地体现呢？显然，对于这些问题的探究，要从制度前瞻性的内涵进行探析。

一是思政课教师管理制度的前瞻性应该体现出队伍整体需要的长期稳定性。思政课教师队伍建设是长期性的发展任务，在整体规划建设中要体现出队伍稳定性的需要，这种稳定性需要不仅是队伍规模大小的适度稳定性，也表现出教师队伍核心竞争力的稳定性。对于维护教师队伍稳定性而言，就需要在制定制度的过程中考虑影响教师稳定性的因素，在制度的规避作用下，消解矛盾隐患，不断肃清教师队伍建设过程中的不和谐因素，这便是稳定性的基本要求。

二是制度管理的前瞻性要体现出教师队伍面向未来的核心竞争力发展。教师队伍是学校发展的关键，思政课教学好坏取决于思政课教师的整体质量，没有优秀的教师，很难出现优质的教学课堂。制度的前瞻性发展要面向思政课教师队伍未来发展的核心竞争力。何为核心竞争力？对于思政课教师而言，除了要满足"六要"的关键素养，还要结合学校人才队伍发展的需要，结合自身发展的前瞻要求，增强思政课教师自我发展的时代核心力。这里所指的核心力表现在具有稳定的教学经验，能够有足够的教学适应力去实现立德树人这一根本任务。此外，思政课教师具有适应职业教育需要的科研能力也是制度建设前瞻性应该重点考虑的问题，通过科研促进教学发展，通过教学实施给予科研创新萌芽，这些在制度建设中都要考虑。

三是教师队伍建设的制度前瞻性要回归教师本身的发展适应性。思政课教师队伍的前瞻性建设不一定指向制度的超越性和无限的指向性，更多的是结合本校教师发展的需要，在指向前进的过程中注重对教师核心关键能力的塑造，注重在人本关怀的前提下教师发展的适应性。从人的发展与学校的制度建设的基本发展规律看，最终制度塑造的人必然是带有鲜活个性的人，而不是简单理解为服务学校和课程需要的"机器"。这也就意味着制度在激励教师成长过程中和推进教师发展前瞻性过程中要保有人文关怀。此外，制度建设的前瞻性要回归学校教师队伍的整体发展趋向，这是制度建设的本源。如果制度的前瞻性只是一味地表现为对核心指标的追踪，很显然并不能体现出前瞻性是基于教师和学校发展的真实需要，也不能从根本上实现教师队伍的科学发展，也不能在推动教师个体发展的过程中激发教师主体真实的意愿，而是简单地理解为政策约束后的行为后果。所以，为了体现教师队伍的前瞻性，要注重人的发展，注重学校的实际，实现规范与科学的统一。

三、高职院校思政课教师管理制度建设的基本现状透视

思政课教师管理制度的建设是每个马院必须重视且需要集中精力解决的重大事项。没有思政课教师管理制度建设，就没有优质思政课教师队伍的管理，更不会有效推动思政课教师队伍的成长。课题组为了更好地了解当前高职院校马院在思政课教师队伍管理制度建设方面的主要任务、基本现状、存在问题，选择了省内部分高职院校展开调研和访谈。在调研过程中，重点围绕高职院校思政课教师队伍管理制度建设的基本情况、存在的问题及其原因、优秀典例等展开研究，期望从共性建设的规律上获取高职院校思政课教师队伍建设的优势经验。

（一）马院高度重视思政课教师制度建设

制度建设是加强新时代高等学校思政课教师队伍建设的重要一环。在对马院调研及访谈过程中，课题组就调研的情况进行分析总结。

一是不断完善思政课教师准入的选拔机制。马院会根据学校思政课教学发展的客观需要，制定科学合理的思政教师选拔标准，这是各高职院校马院开展思政课教师队伍建设的关键。这些标准主要注重教师的综合素质评价，包括政治素质、学术水平、教学能力和师德师风等方面。同时，部分马院还引入专家评审和公开选拔程序，确保选拔出真正优秀的人才进入思政课教师队伍。

二是加大对新入职思政课教师的培训力度。针对新入职和部分青年思政课教师的专业发展和能力提升需要，马院通常会组织定期的专业培训班、研讨会等活动，这些培训活动旨在提升教师的学科知识水平、教学能力以及专业素养，使他们更好地胜任思政课教学和研究工作。目前来说，各省对思政课教师的集中培训和各高校组织的思政课教师培训在数量上比其他专业课教师要多，在规模上也涵盖了本省所有的思政课教师，以分层分类的形式进行。例如，广西师范大学就发挥重点马院师资力量，打造全区思政课教师"雏雁"成长"加油站"。近三年来，广西师范大学就依托

全国高校思政课"手拉手"集体备课中心、广西首家大中小学思政课"一体化"教学改革创新联合体、广西学校思想政治理论课"一体化"建设骨干教师培训研修基地等平台，大力开展广西高校思政课教师培训工作，在培养思政课青年教师的过程中充分发挥名师工作室的"头雁"作用，并牵头开展思政课多层级集群结对共建活动，以带动广西思政课教师成长为目标，打造广西区内思政课教师"雏雁"成长"加油站"。通过"以老带新""以新示范""萌新磨课""云上大练兵"等形式全方位提高青年思政课教师教研能力，助力思政课教师在日常教学、教学竞赛、教改研究等方面推陈出新。

三是激励机制不断优化。建立健全思政教师激励制度是目前高校马院教师队伍管理的重要一环。在调研过程中发现，对于一般高职学院来说，有些激励机制的建设是要通过学校层面的支持来实现的。譬如，通过学校层面设置合理的职称评聘和薪酬体系，可以有效扩大思政教师的职业发展空间，提高他们的待遇水平，从而增强他们的工作积极性和创造力。此外，学校层面还可以设立教学成果奖、科研成果奖等激励机制，鼓励教师在教学和科研方面取得更好的成绩。例如，有些高职院校马院对全国类思政课教学比赛获奖的参赛团队奖励5万~20万元；有的学校在奖励上给出的空间不大，以1万~5万元为空间，更多的是以精神奖励为主；还有的高职院校马院在制度建设上侧重于提升思政课教师的学术水平，采取多种有效的形式鼓励思政教师积极参与教学、科研活动，推动思政课教师，特别是博士、副教授及教授在学术领域取得突出成果。例如，高职院校教师一般主要以市厅级课题为主要着力对象，在省部级及国家级课题上，高职院校本身因为平台及教师科研能力的问题，申报立项的优势不大。这也促进了高职学校在激励教师攻克高级别课题上投入较多的人力、物力和财力。还有的学校在提供必要的科研条件和资金支持方面着力，设立高额的科研配套资金鼓励教师开展高水平课题申报及研究鼓励教师发表高水平的学术成果，提高教师的学术声望和影响力。

四是优化工作环境。部分高职院校马院经费充足，高度重视改善思政教师的工作条件和待遇，为他们提供良好的教学设施和研究条件，让思政课教师能够安心工作，这也是加强思政课教师队伍制度建设的重要方面。有的马院会给所有老师配备足够的办公场地、人手一台台式电脑和随身携带的笔记本电脑。此外，马院还在营造和谐的工作氛围，加强教师之间的交流和合作这一层面提升思政课教师队伍的凝聚力和向心力。

五是强化评估与监督。部分高职院校马院通过建立定期评估和监督机制，对思政教师队伍的工作进行客观、公正的评价和指导，这有助于及时发现问题和不足，并采取相应措施加以改进。同时，通过评估和监督，还可以促进教师之间的良性竞争和共同进步。

综上所述，当前高职院校思政课教师队伍制度建设已经取得了较大的进步，在各项子要素的建设配备中体现出对思政课教师队伍的重视程度。但思政课教师管理制度的建设毕竟是一项结构复杂的工作，需要从选拔机制、培训力度、激励机制、学术水平、工作环境以及评估与监督等多个方面入手，全面提升思政课教师队伍的整体素质和水平，为培养德智体美劳全面发展的社会主义建设者和接班人提供有力保障。

(二) 结合学校实际，在制度建设中助力教师整体素养提升

思政课教师队伍制度建设是统筹教师发展的长远规划和建设，需要顶层设计的优化和具体路径的不断探索与实践，才能总结出符合学校特色的制度建设体系。结合对部分高职院校马院的调研，课题组发现，目前高职院校马院在思政课教师制度建设方面着重强调教师的整体发展，在规划上体现了与时俱进和对教师核心要素培养的科学性，实现思政课教师队伍建设的良性循环。

一是强调思政课教师发展的素养建设规划。在高校的人才培养及各项制度推行中，常看见对学生专业素养和人文素养的培养要求，而对于教师群体的素养建设则相对少见。对于教师发展的素养建设是当前高校思政课教师队伍建设的重要内容，也是人文强校、教师综合素养提升的关键着力点。何为教师素养建设？教师素养建设是一项在教师群体中推动教师核心竞争力，强调教师发展的主体性，能够体现教师职业关键能力及道德行为

养成的人文规划，其涉及的范围较多，诸如教师的理想信念教育、职业道德规范培育、教学专业素养培育、科研专业素养培育、校企合作、社会实践素养培育等。目前，大部分高校还是按照教师职业素养的整体要求，有针对性地开展思政课教师素养规划；个别高校只是将教师素养当作抽象的指标来对待，并没有在具体的制度建设中体现思政课教师发展核心素养的培育政策，也没有相对应的机制进行推动建设。从整体调研的情况看，对于高校思政课教师核心素养建设呈现如下趋向。首先，将教师师德师风摆在关键位置进行引领。良好的师德师风不仅是"规范自己行为的需要，更重要的是用于教育学生的需要"[①]。在思政课教师发展素养的集合中，教师的师德师风是关键，也是思政课教师安身立命的核心素养。当前，全国高校认真学习贯彻落实教育家精神，强化教育家精神对教师素养及能力的引领力。其次，将教师核心素养列入教师职称评定、教师考评要素，以考核评价的形式定期对思政课教师岗位素养进行评价。最后，部分高校将教师职业素养融入学校各项事业建设，以教师教风、师德引领学校文明校园建设，充分发挥教师成长与学校发展的同频共振。

二是注重增强思政课教师职业自信。职业自信是教师队伍身份和形象的关键指向，也是思政课教师关键素养的重要内容。优秀的思政课教师往往体现对思政课教师身份的自信自觉。目前，大部分高职院校注重对思政课教师职业自信的建设，不断增强本校思政课教师积极向上的职业自信。从人的主体性角度看，职业自信是职业给个体带来的情绪反应和情绪价值的综合表现。首先，思政课教师的职业自信源于对自我职业价值的深刻认同和对教育事业的深度热爱，这种自信不仅体现在教师对专业知识的掌握和运用上达到了有效的自觉，更体现在其对学生思想引领、价值塑造、精神激励等方面的能力和影响力上。所以，对思政课教师的培养，更强调其育人的社会价值和精神享受，这是一般职业难以替代的内在原因。课题组对部分高职院校考察发现，高职院校在培育教师职业自信的过程中展现出

---

① 方明. 陶行知教育名篇[M]. 北京：教育科学出版社，2005：132-134.

路径的一致性和相通性。从路径培育看，思政课教师职业自信建立在深厚的专业知识基础上，他们需要具备扎实的马克思主义理论素养，熟悉党的路线、方针、政策，了解国内外形势发展变化，这样才能在授课过程中做到言之有物、论之有据，用党的创新理论武装大学生头脑，体现专业性。同时，思政课教师还需要结合思政课教材变化及时事政治的变化不断更新自己的知识体系，特别是高职院校思政课教师要不断提升马克思主义专业理论素养，跟上理论创新发展的脚步，确保思政课教学内容的理论前沿性和社会时效性，体现出与时俱进的发展动态性。其次，思政课教师的职业自信来源于对学生思想引领的责任感。作为塑造学生灵魂的工程师，思政课教师肩负着引导学生树立正确世界观、人生观和价值观的重任。他们需要通过深入浅出的讲解、生动鲜活的案例、互动交流的方式，帮助学生理解并认同社会主义制度，坚持社会主义道路自信，强化社会主义接班人的使命担当，激发学生的家国情怀和社会责任感。最后，思政课教师的职业自信还体现在其对学生精神激励的能力上。思政课教师不仅要传授知识，更要通过自身的言谈举止、人格魅力等成为学生的榜样和楷模，通过言传身教，让学生做到知行合一。此外，思政课教师还需要关注学生的成长需求，积极给予肯定和鼓励，帮助学生树立信心、克服困难、实现自我超越。总之，思政课教师的职业自信是一种内在的力量，它推动着教师不断提高自身素质和能力水平，为培养德智体美劳全面发展的社会主义建设者和接班人贡献自己的力量。

三是注重在思政课教师人才培养过程中植入家国情怀。对学生进行以家国情怀培育为核心的爱国主义教育是思政课教师日常教学的常态任务，而教师群体的家国情怀也是教师综合素养能力提升的重要因素。部分高职院校注重在思政课教师培养过程中全方位植入家国情怀，实现润物无声的效果。要对思政课教师进行家国情怀观念和外化行为的培养，首先应该明确何为家国情怀。家国情怀是一个深植于中华民族血脉中的情感与理念，它不仅仅是对家乡、对亲人的深深眷恋，更是对国家、对民族的一种深厚情感和高度认同。这种情怀，是中华民族历经千年沧桑，依然能够屹立不倒、生生不息的重要精神支柱。

从中华民族历史发展的进程中不断积淀的爱国之情铸就了家国情怀丰富多样的内涵。它包含了对家庭的热爱与责任，对国家的忠诚与担当，对民族的自豪与荣誉。这种情怀，使思政课教师在面临育人困难与挑战时，能够坚定信念，勇往直前；在享受和平与繁荣时，能够心怀感恩，不忘初心。在思政课教师育人领域，家国情怀具有重要的时代价值。面对现代社会及市场经济对学生世界观、人生观、价值观的冲击，思政课教师要充分发挥在家国情怀培育上的中坚力量，更加坚定地弘扬家国情怀，激发学生的爱国热情与民族自豪感。同时，要引导思政课教师将家国情怀转化为实际行动，为实现中华民族伟大复兴的中国梦贡献自己的力量，这种力量不是抽象的"口号"，是具体落实在教学育人的实践中。总之，家国情怀是中华民族的精神纽带和情感寄托，对思政课教师进行家国情怀培育，让思政课教师在追求个人职业梦想的同时，不忘家庭与国家的责任与担当；在享受和平与繁荣的同时，不忘历史与未来的使命与担当，将家国情怀培育融入思政课教师人才培养全过程。

（三）制度建设相互借鉴，模式化条款较多，具有创新性的制度规范有待增加

在课题组开展的调研中，课题组成员通过对比不同高职院校在思政课教师队伍建设过程中的制度文件和相关机制，发现部分高职院校思政课教师队伍制度建设存在模式化现象，存在套用模板痕迹，缺少符合本校校情的制度创新，教师队伍建设的制度特色不明显。特别是对思政课教师管理的目标、过程、机制保障等具有一定的"模式化"指标形态。一般而言，模式化管理在一定程度上可以规避制度建设带来的不可预计的风险，也可以从别的学校长期运行的效果看到实施过程是否具有科学性，是否产生积极正向的效果，这对于部分在制度建设上经验不够的学校而言是比较实用且适用的方式，但其存在的个性缺失也十分明显，容易对本校思政课教师产生"水土不服"的现象。

第一，思政课教师管理制度建设缺少对本校思政课教师群体共性的考察。思政课教师管理制度的建设是一项需要发挥主观能动性的管理工作，并不是简单地将其他学校共性的管理制度嫁接和套用在本校基础之上即可实现制度建设的实效性。很显然，这是一种形而上学的路径观念。要做好思政课教师管理制度建设，首先，要对本校思政课教师群体的共性特征和个性特征有基本的认知和规律掌握，在实事求是的调研基础上才能做好制度规划及建设的各项工作；其次，可以引入第三方评估公司，对马院思政课教师整体能力和职业规划作出整体评估、设计，依据整体性的教师特点和特色制定详细的条款和要求；最后，可以通过举行制度建设协调会和评估会，邀请部分有足够教学经验及工作能力的骨干教师对制度建设进行集思广益，充分发挥教师集体智慧，建构出适用于本校绝大多数思政课教师的体制机制，确保制度在后续运行中减少人为干预的阻力，提高制度运行的效率。

第二，教师队伍管理的考核形式单一。部分高职院校马院在制定政策过程中缺少对教师群体多元考评机制管理的设定，只是简单地按照教学管理的常规工作进行考核要点的罗列，在目标达成上不够明晰，在考核形式上也呈现单一的样态。例如，有的高职院校只是通过简单的教学比赛业绩和科研论文进行单一指标的考核，在形式上也只注重数量的要求，在质量评价上没有构建科学有效的评价体系，以至于制度在执行过程中呈现出"冷冰冰"的条款，而缺少人文情怀的植入。很显然，这样的制度在执行过程中肯定遇到教师群体的集中式"吐槽"，不利于营造和谐的制度实行环境。还有的高职院校在考核过程中没有将集中考核与单一考核相结合，同时进行定性与定量的分析，人为考核的"印象式"打分明显，在一些非量化指标（如师德、思想）的考核上有"注水"的痕迹。

第三，思政课教师管理制度的创新性体现还不够。创新是事物发展的灵魂，是推动社会进步和发展的核心动力。无论是科技、文化还是在教育行业，创新都扮演着至关重要的角色。教师管理制度创新是提升教育质量和推动教育发展的重要环节。随着社会的不断进步和教育的快速发展，传统的教师管理制度已经不能完全适应现代教育的需求。因此，对教师管理制度进行创新显得尤为迫切，在思政课教师队伍管理制度的建设过程中亦是如此。部分高职院校在制定和实施思政课教师管理制度上缺少创新力，主要体现在五个方面：一是教师激励机制不够创新。二是思政课教师薪资待遇的激励机制不够完善。三是在完善教师的职业发展通道以及为优秀教师提供更多的培训和学习机会上缺少系统的规划。四是教师管理上偏向"求稳"，在对思政课教师的业绩要求上也主要限制在教学比赛及论文课题，对创新性成果的培育缺少动力。五是教师发展的跨界合作缺少"开创精神"。传统的观念认为，思政课教师主要服务于课堂理论讲授，但随着时代的发展，思政课教师的视野和眼界也需要打开和拓展，在和企业合作对接上，在和社会跨界合作联合育人上的创新制度管理不够鲜明，这是值得关注的现实问题。

四、高职院校思政课教师管理制度存在问题的原因分析及有效对策

思政课教师管理制度是否科学，决定了政策实施是否满足现实需求。课题组成员对部分高职院校进行调研，其中很重要的一个调研内容就是对高职院校思政课教师管理制度进行横向对比和纵向梳理，期望从中发现目前高职院校思政课教师队伍管理制度存在的问题以及问题背后的原因，只有这样才能有效提出提升高职院校思政课教师管理制度建设科学性和实施有效性的对策。

(一) 高职院校思政课教师管理制度存在的问题及原因分析

一是管理制度的设计理念存在偏颇。高校思政课教师管理制度的出台是为了保障教师队伍良性运行，有效激发思政课教师的干事创业活力。但事实上，政策制定者和管理者将制度仅仅作为维护教师正常工作秩序的手段，并没有从制度的人文关怀角度去看待制度的鼓励性和制度的关怀性。很显然，制度管理者缺少制度与教师之间相互促进、相互和谐发展的共生理念。部分学校制定的传统思政课教师体制、机制管理办法过于陈旧，在治理效果上出现边际效用递减。从治理机制上看，思政课教师制度管理受

制于基层教师治理的基层部门分工,未能充分进行协同、形成有效合力。同时,马院在思政课教师管理上的治理空间和治理工具的运用十分有限,思政课教师的合理诉求难以得到及时有效的回应。虽然学校在思政课教师管理领域投入了大量的资源,却依然难以实现预期效果,反而容易陷入资源空耗与局部空转的管理陷阱。上述问题突出体现在对思政课教师管理上的治理事务、组织、财政和人员的超载以及教师数量资源的过载、错位与错配。随着1∶350思政课教师配比政策的迅速推进落实,大量非马理论专业的教师向马院内部转岗。同时,思政课教师管理日益复杂,不同专业背景、不同层级的思政课教师需求的剧增导致学校对于思政课教师管理负担的不断加大,要求思政课教师管理部门针对实际情况的变化而改变政策制度的规范。

二是政策的激励作用不明显,导致思政课教师职业发展动力不足。目前,从高职院校思政课教师队伍管理制度的表象看,多半管理者的制度构架属于刚性政策。有学者认为,刚性管理是指"单一的与单向的,缺乏灵活与弹性的管理。这是一种强调严格的控制,采取纵向高度集权的,以规章制度为本的管理。它把人看成适应的、机械的和被动的"[①]。从部分高职院校马院的管理路径看,仅把制度建设当作管理教师的一种机械行为,在教师管理行为的是和不是、允许和不允许之间做出明确的规范,且制度缺少人文关怀的柔性特点,进而削减思政课教师对学校及本身职业的情感依赖,更多的是一种机械的工作程序和冷冰冰的教师身份的认可。相反,如果政策的制定和实施具有柔性特质,效果将截然不同,因为柔性的政策注意到了人的内心世界,即人性、感情和精神。

三是在制度实施过程中,教师管理运行的主观评价较多,缺少客观的第三方评价协调。在制度建设过程中,部分学校存在制度规范的不合理性评价,这些条件以主观评价为主,在制度规范中容易被忽视且难以用客观标准去衡量其价值的贡献大小。例如,在评价教师政治素养与情感素养过

---

① 卢宝祥.柔性管理:教师激励的新视角[J].广西师范大学学报(哲学社会科学版),2021(4):69-74.

程中，对支撑材料的整理和评价就存在主观性。这就不难理解，为什么很多马院在评价思政课教师时以客观的数据为主体，例如教师发表的相关学术论文的数量和期刊的级别以及课题的数量和级别等。这样的评价指标虽然客观有力，但也限制了思政课教师在教书育人从业过程中的情感贡献，也就产生了没有教育情怀的思政课教师因为科研的产出而获得各类优秀教师、各项评优的机会。因此，对思政课教师评价指标的设定和管理既要注重客观论文、课题的具体能直接量化的评价，也要从人文关怀，从教师"六要"的指向上提高考核的"温度"，全方位地完成对思政课教师的考察，使思政课教师在教学过程中更强调教书育人带来的情感价值体验，产生可持续的育人激情，并将这些热情维持下去。

四是教师薪酬与实际付出的劳动量存在不协调性，影响政策发挥的实效性。思政课教师的职业自信和职业满足感来源于对基本物质的回馈及职业精神的皈依，是物质与精神的有机统一。从人生存的基本角度看，纯粹的职业精神享受必然是支撑思政课教师的内在动力，也是思政课教师育人的情怀来源，但物质基础的保障也是维系教师群体热情和动力的外在要素，是教师可持续发展的客观条件之一。如果不分条件地评价思政课教师只是注重物质的条件，显然以偏概全，不能很好地反映出教师的整体性需求，也容易打击教师的育人积极性。在对部分高职院校马院思政课教师的访谈中也发现，部分教师存在工作积极性低落的现象，在归因分析中，部分教师表达了他们自己的看法。其中一位教师表示："目前思政课教师的考核业绩多，教学任务重，但是课酬及相关日常补贴较少，每个月的基本收入与正常工作量不匹配，即使教学、科研政策有激励作用，但是奖励的条件较高，奖励折算的收入与实际付出存在差距，难以对自我本身产生较大的动力。"基于政策的连贯性和实效性，政策制定者有必要反思和检验制度实施过程中被管理对象的心理及行为反映，以作为后期调整的依据。

(二) 高职院校思政课教师管理制度的优化路径

高校教师管理制度对于教师的重要性不言而喻。有学者认为，"如同各种动植物只有在适合的环境中才能顺利生长一样，各种类型的人也只有遇到适宜的制度化环境时才能得到有效地发展"[①]。对于高校思政课教师管理制度而言，增强其对高校的适应性是改善其不足的关键点。

第一，解决思政课教师"会教"的问题是思政课教师管理制度建设的重点。进入思政课教师队伍，对于教师而言意味着什么？这是很多年轻教师并没有深入思考的问题，小部分思政课教师认为思政课教师职业仅是自己职业的选择，一份工作，一份能够进入社会的职业，很显然，这一小部分教师对思政课教学这个特殊岗位的认知是肤浅的。思政课是实现立德树人的关键课程。事实上，从党中央对思政课的重点关注来说，思政课是对大学生进行思想政治教育的核心关键课程，也是培养社会主义合格建设者、培育时代新人的重要课程。如果说专业课程是让学生掌握进入社会的技术技能，那么思政课教师让学生能够有正确的价值观，对党对国家对社会有正确的价值认同，这是影响学生一辈子，引领思想、培育正确价值观的重要课程。从这一层面理解，思政课教师的影响力是巨大的，因为这不仅仅是一份简单的授课职业，还是学生精神生活的引路人。从这一逻辑层面分析，思政课教师管理制度的落脚点应该是在推进和提升思政课教师的教育能力，特别是在教学能力上，要用马理论的专业性站稳讲台，让思政课成为引领学生价值观念，扣好人生的扣子的关键课程。制度管理如何引导思政课教师"上好思政课"就成为教学管理者、制度制定者应该思考的问题。首先，要树立"讲好课"为第一要义的设计理念。所有的制度规划和政策考核导向要指向思政课教师上好思政课这一基础要求，而不是将论文、课题的多少作为重要的指标放在第一位。其次，要强化思政课教师培训管理制度的建设，优化思政课教师培训的课程类型，增强教学培训的针对性。现在部分思政课教师教学培训采用线上的网络培训形式，虽然解决了思政课教师培训的实时性差和覆盖面窄等问题，但也出现了针对性差、自觉性不够等新问题，这需要从制度建设上规避这样的问题出现。

第二，通过制度建设引导思政课教师进入"乐教"状态。思政课教师

[①] 科赛.理念人：一项社会学的考察[M].郭方，等译.北京：中央编译出版社，2004：3.

从内心接受职业的状态，在心理上产生"乐教"的积极动能，是至关重要的。但是，从现实的归因考察，思政课教师对待教学的态度是如何产生的？是本身进入职业后的应然状态，还是在各种复杂的环境影响下产生的现象？这值得审视。好的管理制度所带来的从业氛围，可以激发"乐教"产生的感染力。人是环境的动物，人的社会发展的行为必然受到环境的影响，这也就意味着思政课教师从入职的状态及行为到不断地调整状态过程当中，都会产生"厌教"的职业倦怠，从而释放出对待教学"力不从心"的敷衍心态。单就制度建设的影响力来说，仍会对教师是否"乐教"产生影响。例如，如果制度规定思政课教师要完成年均超过400课时的工作量，或者对教师业绩考核实行"非升即走""末位淘汰"，或者以核心期刊发文数量作为年度业绩考核的最终标尺，那对于部分年轻教师或者部分新入职教师而言，其教学的心态必然发生变化，对待教学的态度也会由积极走向"功利"，也就是我们经常说的，"教学差不多就行了"，决定职业发展的是科研制度的"标尺"，这才是指挥棒。再如，政策实施过程是否让教师得到公平对待以及产生积极的动力。很多政策必须通过实践去检验其对教师是否产生积极的影响力，有些制度本身虽然设置得十分科学，但是在运行和评价过程中缺少有效严格的管理，对于评价结果存在人为主观的态度反映，以至于教师教学积极性受到打击，影响教师积极"乐教"的教学心态。

第三，通过制度建设促使思政课教师树立"教好"的观念。2024年10月，中共中央、国务院印发了《深化新时代教育评价改革总体方案》，并发出通知，要求各地区各部门结合实际认真贯彻落实，其中提到了"坚决克服唯分数、唯升学、唯文凭、唯论文、唯帽子的顽瘴痼疾，提高教育治理能力和水平，加快推进教育现代化、建设教育强国、办好人民满意的教育"。在教师教学管理中，时常遇到这几个共性的疑问：教师教学的评价标准是什么？人文社会科学的教师教学评价是什么？思政课教师教学的评价标准是什么？教学评价是衡量教师教学质量的重要标尺。对于思政课教师管理而言，评价的标准和尺度是关键，如果没有对教师各项管理的评价标准，再完美的制度建设也难以协调不同教师的实际需要，难以产生客观公正的评价结果。制度建设要推进思政课教师"教好"的能力建设，这就涉及一个基本的问题：何为"教好"？"教好"标准的设定在不同管理者的眼里具有不同的评价观点。综合调研过程采集的数据，对于思政课教师"教好"主要侧重于以下评价形式。首先，从客观数据看，思政课教师授课班级无教学事故出现，其教学评价位于思政课教师的前10%。对于教学评价而言，学生的期末评价打分在前10%能从客观角度反映出学生对教师的认可。其次，从主观调研看，教学督导对授课班级的学生进行随机匿名抽查，所得到的数据和结果反映出教师整体效果较好的正面评价，无特殊负面评价，用以佐证前面提到的班级整体评价的真实性和"含金量"。最后，也可以从班级期末考试的成绩、参与学校集体活动、思政课实践作品数量及质量判断教师"教好"的结果。特别是针对大学生思政课实践作品比赛的项目越来越多，可以通过教师指导学生作品参赛的数量和质量来侧面观察教师是否"较好"。总之，在具体评价的操作过程中，要综合考虑思政课教师"教好"的评价指标，要实事求是地按照主客观条件的分析进行评价，这就涉及了教师教学评价管理制度中评价指标的衡量标准、评价细则要素、评价结果分析等各环节的考量。

第五章

新时代高职院校思政课教师教育情怀

学校发展教师是关键，育人为本教师也是关键。2014年9月，习近平总书记在同北京师范大学师生代表座谈时指出："教师的工作是塑造灵魂、塑造生命、塑造人的工作，一个人遇到好老师是人生的幸运，一个学校拥有好老师是学校的光荣，一个民族源源不断涌现出一批又一批好老师则是民族希望。"[①] 2018年9月10日，习近平总书记在全国教育大会上的讲话中指出："教师是人类灵魂的工程师，是人类文明的传承者，承载着传播知识、思想和真理，塑造灵魂、生命和新人的时代重任。"[②] 教师成为学校发展的重要基石，是学生专业能力培育、学生价值观形成发展的引路人。在高校，思政课教师的地位极其重要，这个重要性是由思政课本身的属性决定的。2019年8月发布的《关于深化新时代学校思想政治理论课改革创新的若干意见》指出，要建设一支政治强、情怀深、思维新、视野广、自律严、人格正的思政课教师队伍。高校要不断增强思政课教师的职业认同感、荣誉感、责任感，要按照"六要"要求，加强思政课教师队伍建设，让有信仰的人讲信仰，让有爱国情怀的人讲爱国。因此，在新时代探讨思政课教师教育情怀具有重要意义，不管在本科院校还是高职院校，这都是思政课教师群体建设必备的道德素养和职业担当。

一、思政课教师教育情怀的基本定义、主要内容、重要性

思政课教师队伍建设要培育教师本体的教育情怀，就必然要对以下问题作出回应：首先要明晰何谓教育情怀，这是基础。其次，教育情怀是相对比较宽泛、抽象的表述，其具体包括的主要内容有哪些？最后，思政课教师情怀培育对于教师主体本身及学生和学校，乃至整个国家而言意味着什么，有何重要的现实意义？

（一）何谓教育情怀

思政课教师教育情怀是思政课教师队伍建设中的热词，是习近平总书

---

① 习近平. 做党和人民满意的好老师：同北京师范大学师生代表座谈时的讲话[N]. 人民日报，2014-09-10（02）.
② 习近平. 在全国教育大会上强调坚持中国特色社会主义教育发展道路培养德智体美劳全面发展的社会主义建设者和接班人[N]. 人民日报，2018-09-11（01）.

记关于思政课教师队伍建设"六要"要求中的"情怀要深"的内容。对思政课教师教育情怀的探索与实践需要回归到教师教育情怀的一般性概念总结中。从不同词语的生产语境和基本词汇解读上看,"情怀"有着不同解析。例如,在《现代汉语词典》中指的是"含有某种感情的心境";在《现代汉语大词典》中,情怀的定义为心情和胸怀;在《辞海》中的释义为心境和心情。

从心理学的角度看,情怀表现为人的一种带有强烈的、积极的正向能量的情绪,这个情绪能够激发人对生活向往的激情,能够提升人的实践热情,是生活及工作中塑造具有高尚品行人格的情感。这样的情感在教育工作者身上呈现出来则是一种教育情怀。按照词语发展与人的发展相结合的逻辑来看,不同的教育工作者对教育情怀或许有不同的解答。例如,韩延伦等认为"教育情怀是教师内心执念于教书育人的精神叙事,是教师执念追求教育的生命意义和坚守育人职业的内在动力与精神支撑"[1];刘炎欣等从文化存在论教育学的视角分析,认为"教育情怀是教师'文化陶冶'的重要范畴,是教师的专业热忱、职业忠诚和教育信念的集中体现"[2];肖凤翔等将教育情怀归纳为师德伦理、人文精神和自我关怀三个方面,"从师德伦理到人文精神再到自我关怀,体现了教师的教育情怀从他律到自觉、从规范到德行的升华过程,亦构成了教师源源不竭的精神动力和坚定虔诚的教育信仰"[3]。

总的来说,教育情怀一般理解为对教师本身事业的深度热爱,对学生全面发展成长的无私奉献及投入,对献身教育事业的热情与执着,歌颂和赞扬教师的一种崇高德行。2017年10月,教育部发布《普通高等学校师范类专业认证实施办法(暂行)》的通知,其中构建了"纵向三级递进、横向三类覆盖的分级分类认证标准体系"。而在师范类专业认证标准中就

---

[1] 韩延伦,刘若谷. 教育情怀:教师德性自觉与职业坚守[J]. 教育研究,2018(5):83-92.
[2] 刘炎欣,王向东. 论教育情怀的生成机制和升华路径:基于文化存在论教育学的视角分析[J]. 中国人民大学教育学刊,2018(2):130-142.
[3] 肖凤翔,张明雪. 教育情怀:现代教师的核心素养[J]. 河北师范大学学报(教育科学版),2018(5):97-102.

出现了"教育情怀"这一关键词,具体表述为"有从教意愿,认同教师工作,具有积极的情感、端正的态度、正确的价值观,具有人文底蕴和科学精神,尊重学生人格,富有爱心、责任心,工作细心、耐心,做学生锤炼品格、学习知识、创新思维、奉献祖国的引路人"[①]。

从这一简短的表述看,可以从如下几个层面进一步深入解析教育情怀。一是积极主动地开展教育实践,这是一种自愿且有强烈育人动力的职业自律,不是将教育作为一种消极应付的职业行为,也不是将职业作为一种简单机械的工作;二是对教师工作本身有强烈的责任认同、使命认同,对教育培养人的积极奉献的精神作用的自我认同;三是正确的育人观,教师用自身所具有的专业育人知识和卓越的育人技能,不断发挥教育主动性、创造性,持之以恒地将自我教育理念、教育情感付诸对学生的关爱和教育中,实现为党育人、为国育才的崇高使命。从这三个层面看,教育情怀绝不是一个简单的对教师职业的感情表达,而是一种有持续性、有奉献意识,有对教育培养人的执着精神的积极情感。

在厘清情怀和教育情怀的基本概念之后,对思政课教师教育情怀的定义理解就有了基本的概念积淀。首先,思政课教师的教育情怀面向的是思政课教师群体,是教师群体中关键的部分。其次,思政课教师群体的作用和职业定位要求决定了其情怀必然具有教师一般的情怀要素特质,也具有思政课教师群体本身独特的特质。所以,对思政课教师教育情怀的理解要依据教师情怀的一般描述,并结合习近平总书记关于思政课教师队伍建设中对思政课教师本身形象建构的要素要求去理解。具体来说,可以从思政课教师的理想信念、职业价值观、道德修为、职业态度四个方面的内容去考量。

(二) 思政课教师教育情怀的主要内容

"教育没有了情爱,就成了无水的池,任你四方形也罢,圆形也罢,

---

① 参见关于印发《普通高等学校师范类专业认证实施办法(暂行)》的通知附件1:中学教育专业认证标准。

总逃不了一个空虚。"[1] 作为高校教育工作者，思政课教师的教育情怀和其他专业课程教师的教育情怀一样，都具有普遍相同的情感要求。但基于思政课教师群体要求的特殊性，其教育情怀又带有思政教育的特殊要求。本书对党的十八大以来习近平总书记对思政课教师队伍建设的重要论述进行分析和总结，并围绕思政课的特殊性对思政课教师的教育情怀作出了客观分析与主观分析的结论整合。其一，客观分析基于习近平总书记关于思政课教师队伍建设的重要论述；其二，主观分析基于优秀思政课教师呈现出的优秀教师品质的共性总结，以此呈现出客观与主观交叉的结果呈现。

思政课教师的政治性是考量的第一维度。爱国是评价思政课教师的基本前提，传道是思政课教师作为教师群体的基本任务，仁爱是评价思政课教师教育情怀的关键条件，初心则是教师教育情怀持续动力的源泉。在教育教学工作中，忠于国家、忠于民族，热爱思想政治教育事业，热爱马克思主义理论事业，关爱思想政治教育对象，才能获得相对稳定、高度自觉的心理满足感和归属感。从"四有"好老师、"四个引路人"到"八个相统一"，再到寄语广大教师大力弘扬教育家精神，这是习近平总书记对新时代加强教师队伍建设提出的新要求。其中，主要围绕政治立场、道德情操、专业技能、育人智慧、师生态度五个维度展开总结。但事实上，教师教育情怀评价维度可以无限下拉，但主要还是基于以上五大方面进行重点考察及论述。

1. 为党育人、为国育才的理想信念

习近平总书记指出："正确理想信念是教书育人、播种未来的指路明灯。"[2] 思政课教师肩负为党育人、为国育才的神圣使命，要自觉做中国特色社会主义的坚定信仰者和忠实实践者，忠诚于党和人民的教育事业。一是坚定政治信仰，筑牢思想根基。学思悟透马克思主义经典著作，夯实马克思主义理论基础，认真学习和领会习近平新时代中国特色社会主义思

---

[1] 亚米契斯. 爱的教育 [M]. 夏丏尊, 译. 北京：中央编译出版社, 2015：1-2.
[2] 习近平. 做党和人民满意的好老师：同北京师范大学师生代表座谈时的讲话 [M]. 北京：人民出版社, 2014：5.

想，强化理论武装。二是站稳政治立场，保持政治清醒。坚守马克思主义立场，以高超政治判断力、强大政治领悟力和坚决政治执行力弘扬主旋律，传播正能量。三是培育深厚情怀，砥砺初心使命。教育工作者要时刻保持家国情怀，与国家民族休戚与共；葆有宏阔的世界情怀，生动讲好中国故事；坚守真挚的人民情怀，始终把学生放在心中最高位置；厚植绵长的文化情怀。

教育情怀是教育家精神形成的基础。习近平总书记把具有"心有大我、至诚报国的理想信念"放在了教育家精神内涵的首位，为广大教师坚定理想信念、担当强国建设新使命指明了方向。职业院校教师要将"心有大我、至诚报国的理想信念"融入自己的职业教育实践中，以实际行动践行教育理想。古人云，"教者，上所施，下所效"；"育者，养子使作善也"。教书育人是教师的根本使命。在思政课教师的素质中，相对于知识素质、道德素质、能力素质而言，思想政治素质是首要素质。思想政治素质主要包括政治认知力、政治领悟力、政治分析力、政治判断力、政治批判力等。政治认知力是基础。马克思主义理论素养是形成政治认知力的思想理论基础。具备系统的马克思主义理论基础，具备读原著学原文悟原理的能力，深刻认识中国共产党执政规律、社会主义建设规律、人类社会发展规律。进而说清楚中国共产党为什么"能"、马克思主义为什么"行"、中国特色社会主义为什么"好"的道理。

2. 身正为范、乐教爱生的道德情操

从身正为范的基本内涵来看，好老师的道德情操最终要体现到所从事职业的忠诚和热爱两个方面。思政课教师要把教书育人和自我修养相结合，从涵养师德到言传身教，再到春风化雨，实现自我道德教育的跃升。例如，在传统文化中，孔子要求教师时刻保持"以身作则，为人师表"的自律作风，他提到"子帅以正，孰敢不正"（《论语·颜渊》）、"其身正，不令而行；其身不正，虽令不从"（《论语·子路》）便是此意。教师对学生的影响，离不开老师的学识和能力，更离不开老师为人处世、于国于民、于公于私所持的价值观。老师的一言一行可以影响学生的一生。真正成功的教育意义在于，教师用正能量激励学生，用自身的人格魅力感染学生，从而赢得学生的敬仰，正如韩愈提到的教师要"以身立教"。从乐教爱生的基本内涵看，教育是一门"仁而爱人"的事业。爱是教育的灵魂，没有爱就没有教育。正如亚圣孟子所言："君子有三乐，而王天下不与存焉。父母俱存，兄弟无故，一乐也；仰不愧于天，俯不怍于人，二乐也；得天下英才而教育之，三乐也。"（《孟子·尽心上》）思政课教师既要传播知识，又要传授美德，真正爱教育、爱学生。要善于发现学生的个性和潜力，读懂学生的内心世界，用自己的学识、阅历和经验引导学生，让学生真心喜爱思政课、通过思政课终身受益。思政课教师要有仁爱情怀，把对家国的爱、对教育的爱、对学生的爱融为一体，让思政课成为一门有温度的课。

3. 勤学传道、因材施教的专业智慧

思政课教师在马克思主义理论的传授上要显示出专业的基本功，以扎实的专业素养站稳讲台，上好思政课。此外，教师的专业还体现在精通教育理论，能够积极主动地创新教学方法，寓教于乐，展现育人艺术的专业智慧。

优秀的思政课教师首先要勤学传道。具体而言，要深耕马克思主义理论专业，对教育有灵活强大的自我学习能力和运用能力。思政课教师肩负为党育人、为国育才的崇高使命，是培养社会主义建设者和接班人的重要保障。百年大计，教育为本。教育大计，教师为本。教育是民族振兴、社会进步的重要基石，是功在当代、利在千秋的德政工程。习近平总书记高度重视思政课的建设发展，把办好思政课作为关乎中华民族千秋伟业的战略性、基础性工作。2020年第17期《求是》杂志发表习近平总书记的文章《思政课是落实立德树人根本任务的关键课程》，文中指出："当前形势下，办好思政课，要放在世界百年未有之大变局、党和国家事业发展全局中来看待，要从坚持和发展中国特色社会主义、社会主义现代化建设强国、实现中华民族伟大复兴的高度来对待。"[①] 作为思政课教学的承担者，

---

① 新华社.《求是》杂志发表习近平总书记重要文章 思政课是落实立德树人根本任务的关键课程[J]. 思想政治工作研究，2020（9）：12.

思政课教师肩负为党育人、为国育才的崇高使命，是我们党面向青年学生开展思想政治教育工作的中坚力量，致力于引导学生增强"四个自信"，厚植爱国主义情怀，把个人理想信念融入实现中华民族伟大复兴的奋斗中。强国必先强教，切实发挥思政课教师在培养中国特色社会主义合格建设者和可靠接班人方面的重要作用，是实现教育历史责任的应有之义。一是夯实理论功底，拓展课堂深度。精通基本原理、把握发展脉络、熟知学科前沿，以理论素养的厚度支撑思政教学的底气。二是紧跟时代步伐，提升课堂实效。国际形势波谲云诡，国家建设日新月异，思政课教学必须坚持需求为导、内容为王、科技为辅，做到常备常新、常讲常新。三是开拓时空视野，延展课堂宽度。思政课教学涉及学科广、方面多，思政课教师必须具备复合的知识视野、宽广的国际视野和纵深的历史视野，娴熟驾驭课程内容，以透彻的学理回应学生。思政课的本质是讲道理，关键在于讲清马克思主义的"大道理"。马克思主义是任何学科专业的学生都要共同学习掌握的首要的科学的"大道理"。思政课要结合自然界、人类社会和思维的发展，讲清马克思主义反映自然界、人类社会和思维发展最普遍规律的基本原理，引导帮助学生牢固确立正确的世界观、人生观、价值观，掌握科学的方法论。

办好思政课，关键在发挥教师的积极性、主动性、创造性。要着力夯实思政课教师的理论本领，即对马克思主义理论的认知和讲授的功底。习近平总书记强调"就要理直气壮开好思政课"[1]，从理论育人的支撑性看，只有"理直"才能"气壮"。而"理直"源于对马克思主义理论高度的理论自信。习近平总书记提出"八个统一"，其中的"政治性和学理性相统一"体现出思政课教师要有正确的政治站位和高度的政治自觉，讲深、讲透、讲活思政课，阐释思政课的学理性。这个学理性就需要思政课教师有深厚的马克思主义理论功底，从职业发展的根基看，这便是我们常说的思政课教师的"看家本领"之所在。要鼓励并组织思政课教师立足新

---

[1] 习近平. 思政课是落实立德树人根本任务的关键课程[M]. 北京：人民出版社，2020：23.

时代中国特色社会主义建设的鲜活实践,在理论研究的创新性、前沿性、针对性上下功夫,提高自身马克思主义理论水平。

4. 启智铸魂、价值引领的持续奉献

思政课教师的教育情怀应该着重体现在对学生进行价值引领,培育学生的政治认同。做好价值引领,培育政治认同,不仅需要思政课教师发挥好思政课作为落实立德树人根本任务"关键课程"的作用,还要求思政课教师启迪心智、引导学生正确看待人生价值,做广大学子成长成才路上的指路明灯。常言道,"经师易得,人师难求"。作为学生成长的领路人和思想价值的启蒙者,思政课教师对学生精神世界的发展起着不可或缺的重要作用。习近平总书记强调:"思政课教师,要给学生心灵埋下真善美的种子,引导学生扣好人生第一粒扣子。"这应该是思政课教师始终如一的追求。

立足思政课堂主阵地,以自己良好的思想和道德风范去影响和培养学生,满足学生在校期间成长发展中的思想需求和精神期待,是思政课教师在育人过程中要考量的问题。广大思政课教师要将自己的温暖和情感倾注到学生身上,在思政课教学与"大思政课"育人中让每一个学生健康成长,让每一个学生都有人生出彩的机会。可以说,发挥思政课教师在呵护学生心灵、开启学生智慧方面的作用,正是实现思政课立德树人根本任务的必然要求。思政课教师必须亮明政治立场与价值导向,旗帜鲜明、通透明了、准确有力地讲道理,及时回应学生的思想困惑与现实关切,使学生能够正确辨别、自觉防范与抵制各种错误观点和思潮。此外,要切实增强目标意识,坚持不懈踏实努力。思政课具有强烈的意识形态属性、育人使命和价值塑造功能,要以透彻的学理分析回应学生,以彻底的思想理论说服学生,以强大的真理力量引导学生,真正达到铸魂育人的根本目的,更好地塑造灵魂、塑造生命、塑造新人。

(三) 高校思政课教师教育情怀培育的重要性

随着马克思主义理论专业的不断扩招,大量的马克思主义理论硕博毕业生进入高校成为一名光荣的思政课教师。思政课是实现立德树人根本任务的关键课程。思政课教师的政治情怀、教育情怀、家国情怀、传道情怀、敬业爱生情怀直接影响着思政课教师教学的好坏，影响思政课教师在育人上的积极性、主动性和创造性。

一是不断增强思政课教师队伍的整体素养。思政课教师"六要"要求是新时代思政课教师整体素养要求的主要建设依据和发展基石。培养高校思政课教师的教育情怀是践行"六要"的基本要求，也是做"四有好老师"和践行教育家精神的直接体现。高校大学生是社会主义现代化事业的建设者和接班人，其世界观、人生观、价值观直接决定了在未来学习和工作中对国家、民族的认同。培养优秀的具有家国情怀的大学生必须匹配优秀的思政课教师。具有深厚教育情怀的思政课教师是具有坚定政治立场的教师，能够坚定不移地跟党走、听党话，能够不断深耕马克思主义理论专业，向学生传授正确的理论知识。从培养学生的角度看，增强思政课教师队伍的整体素养是更好地为党育人、为国育才的重要师资保障，也是思政课教师担当育人使命的重要路径。

二是为达到思政课教学效果奠定基础。思政课教师的教育情怀也体现为"勤学传道、因材施教的专业智慧"。具有教育情怀的思政课教师是"乐教、能教、善教"的优秀教师典范。办好思政课关键在教师。教师的核心关键能力不仅体现在其深厚扎实的马克思主义理论功底，还体现在思政课教师在一线教学实践中勤学传道、因材施教的专业智慧。这个智慧要求思政课教师钻研如何将马克思主义理论讲深、讲透、讲活，让学生认识马克思主义理论的真理魅力，深入理解马克思主义中国化最新的理论创新成果，做马克思主义理论的实践者，坚定共产主义信仰和中国特色社会主义信念。要实现这一育人目的，需要充分发挥思政课主渠道的作用。假如思政课教师没有教育情怀或是教育情怀不深，那么在教学上就很难发挥教师的积极性和创造性去专注于本专业的研究，专注于教学方法的改革创新，专注于对学生学情的研究。而如果这些基础性教学工作没有做好，就很难产生优质的教学课堂，很难形成具有思想深度、体现学生需求的教学效果。从这一逻辑看，思政课教师教育情怀的深度决定了思政课教学效果的好坏。

三是为实现立德树人强化思政课教师的使命担当。首先，思政课是对大学生启智铸魂、价值引领的主课程，其课程意义重大毋庸置疑。从三全育人的视域看，高校每一位教师都肩负着育人的责任，但从培根铸魂、价值引领这一专业度看，思政课教师具有其他专业课教师无法比拟的专业优势。所以，思政课教师的教育情怀必须深厚，才能担当起国家赋予思政课教师育人的使命重任。其次，思政课是讲授马克思主义信仰的主课程，对思政课的热爱和对马克思主义的信仰是思政课教师教育情怀的基本体现。培养思政课教师的教育情怀，就是不断坚定思政课教师的政治立场、政治素养和理想信念。最后，思政课是用习近平新时代中国特色社会主义思想铸魂育人的关键课程。开展大学生思想政治教育，提高大学生思想政治和道德素养，最重要的是用习近平新时代中国特色社会主义思想铸魂育人，引导学生增强中国特色社会主义道路自信、理论自信、制度自信、文化自信，厚植爱国主义情怀，把爱国情、强国志、报国行自觉融入坚持和发展中国特色社会主义事业、社会主义现代化建设强国、实现中华民族伟大复兴的奋斗之中。对思政课来说，最重要的不仅是向学生传授知识，更是对学生进行价值观塑造，特别是帮助他们树立正确的理想信念或信仰。没有教育情怀或者教育情怀不深的思政课教师连自己的理想信念都不够坚定，如何引导大学生坚定理想信念？从这一逻辑看，也就是要求思政课教师对马克思主义理论和共产主义真知、真信。习近平总书记提到的"让有信仰的人讲信仰"这句话背后的本意，其实对应的是思政课教师"人格要正"的基本要求，也是"亲其师，才能信其道"的现实写照，从这一层面去理解就更加说明了思政课教师自身信仰在育人中的重要性。如果说"师"是人格魅力，"道"是真理魅力，那么真理魅力就需要人格魅力来衬托和支撑。如果思政课教师自身理想信念不坚定，他就不能讲好思政课，也就不能帮助学生树立正确的理想信念。

四是塑造新时代思政课教师良好的职业形象。高校思政课教师公众形象是指人们基于现有的思想认知对高校思政课教师的从教状态、过程样态、结果形态形成的较为稳定的总体印象和综合评价，主要指向高校思政课教师的整体面貌，体现为一个系统，也凝结着高校思政课在公众认知里的具体呈现，其中由思政课教师的专业形象、素养形象、情感形象等若干要素构成。塑造新时代高校思政课教师职业形象，有利于增强思政课教师教育自信自觉，有助于向社会展现思政课育人的时代效果，营造社会尊师重道、关注思政教育的良好社会氛围。

思政课教师教育情怀彰显了优秀思政课教师内化于心的集体人格与职业精神和外化于行的价值追求与时代精神。一是揭示了思政课教师的集体人格。思政课教师以德行塑造品行，以爱心点亮智慧的工作，决定了优秀教师不仅要具有扎实丰厚的专业知识，更要有大爱、担当和奉献精神，这构成了新时代思政课教师的集体人格。二是揭示了人民教师的职业精神。思政课教师的教育情怀是教师职业精神的凝练与升华，体现在教师的教书育人实践中；思政课教师的教育情怀为新时代广大思政课教师躬耕教坛、教书育人提供了强大的精神滋养和奋斗力量。三是揭示了思政课教师的价值追求。具有教育情怀的思政课教师展现为党育人、为国育才的神圣使命。四是揭示了思政课教师的时代精神。新时代的思政课教师具有强烈的创新精神，不断创新教学方法，提高思政课教学效果。

要想让学生真心喜爱思政课并达到终身受益的效果，就要结合学情分析，让思政课教师具备学生喜爱的特质，让思政课成为有思想、有情怀、有担当的优质"金课"。从现实维度看，强调思政课教师教育情怀，是为了塑造新时代思政课教师良好的职业形象。从思政课教师教育情怀的四个内容来看，涉及坚定的理想信念、卓越的专业技能、育人的使命担当、乐教爱生的奉献等四个维度。从职业形象与教育情怀的逻辑看，教育情怀是塑造职业形象的根基。所以，具有深厚的教育情怀也是社会普遍认可的思政课教师职业形象应该具备的基本内容。

二、思政课教师教育情怀的生成机理、影响要素、判断依据

探讨思政课教师的教育情怀，首先要从心理学角度明白教育情怀生成

的机理，其次要从实践层面去探究影响教育情怀产生及强化的影响要素，最后要制定一个标准去衡量思政课教师教育情怀的程度，特别是要通过感性认知和客观理性两者相结合去判断和评价思政课教师独立个体的教育情怀。

(一) 思政课教师教育情怀的生成机理

从整体上看，思政课教师的教育情怀是思政课教师对自己从事的思政课育人所持有的积极的、肯定的、相对稳定的、可持续的情感。党的十八大以来，习近平总书记在不同场合强调了思政课教师情怀要深这一重要内容。学界对于思政课教师教育情怀的研究更侧重于其内容、内涵、价值、培育等领域，而忽视了思政课教育情怀的产生这一本源性问题。只有深入了解思政课教师教育情怀生成的本源，才能更好地提出解决问题的方法，进一步丰富思政课教师教育情怀的相关研究。

教育情怀中的"情怀"一词在《辞海》中的解释为"含有某种感情的心境"。从心理学角度看，心境指的是平静而持久的情绪状态，具有弥散性。这里至少可以呈现出情怀的两大主要层面的指向，一是不同群体、不同职业的情怀的相通性，即一种持久平静的态度。对于思政课教师而言，从事思政课教学、研究是基于专业属性的专业技术工作，不管是从职业的专业性还是从育人的独特性，都表现出持久的平稳性。这种平稳性是基于对思政课本身的认同，对育人的热爱，对整个思政教育事业的积极投入产生的平稳心态。二是思政课教师教育情怀的可持续性，即持久地影响教师对待工作的积极性。从职业身份的自我认同，到从事育人得到的心理满足都会持续影响思政课教师工作的稳定性，而不是在教书育人过程中陷入自我否定并在长期职业发展中伴有间断性教学情绪低落的现象。综上所述，思政课教师的教育情怀是由积淀在思政课教师内心中多种要素综合形成的情感集合体，具有复杂性、平稳性、持久性和再生性等特征。

情感既有人先天的遗传要素，又有后天社会文化的影响，带有人的发展社会化的标签。但思政课教师的教育情怀是指向特定职业的情感集合体，主要强调的是后天社会文化的影响，是国家、社会对思政课教师的规范要求在思政课教师个体内化体现。特别是思政课教师的教育情怀可以在已经社会化了的对象或同伴的相互交往中形成，主要通过个体之间相互模仿学习、观察交流等形式建构和发展，这里就指向了教师教育情怀的动态成长属性，也就是说教师教育情怀的产生和发展是一个动态的过程，而不是静态的、不变的和固定的。例如，有些思政课教师在职业初期并没有对思政课教师这个职业有较为深入的认识和认同，其教育情怀并没有体现出稳定性和长期性，在受到外界影响时，会对自己的职业有所怀疑，甚至陷入自我否定的情绪感觉中，但经过长期的职业情感修复和学习，其教育情怀又会逐渐生成、强化，并持续稳定地呈现出来。根据以上情怀及教育情怀生成的心理分析，可以从以下几个方面去阐释思政课教师教育情怀的生成逻辑。

首先，思政课教师的教育情怀应从个体长期的专业学习和体验中来。在长期的专业学习中，思政课教师在入职之前就对思政课教师这个岗位有感性认识和职业理想，如果对思政课教师这个职业都不感兴趣，后面的教育情怀生成就更谈不上了。其次，在思政课育人过程中不断地从党和国家的政策要求中内化自我教育要求，呈现对自我专业的强烈认同感及使命感，理解思政课育人的时代重要性，这是思政课教师情怀生成发展的"骨架"，支撑思政课教师不断开展教学创新、育人创新实践。最后，从学生、学校、社会等层面对思政课教师职业形象的肯定及个体教育奉献的肯定中强化教育情怀的可持续发展。这是情感内化的过程，也就是个体在内化过程中不断完善和建构自我教育情怀的认知和呈现形式，逐渐地发展成为能够兼容更丰富、更完善、更多样的情感，从而不断激发思政课教师主体教育情怀的升华，达到与一般思政课教师不一样的情感层次即教育情怀。

思政课教师教育情怀是思政课教师这一主体在社会学习的交往中转化而来的。事实上，思政课教师与学生教学之间的交往就是人与人之间的一般交往。从源起看，人在社会互动交往过程中的本质是情感的交流。因此，思政课教师在情感交流中不断形成对职业本身的情感认同和基于思政课育人的情感判断标准，即前面提到的思政课教师教育情怀的四个内容指向：理想信念、专业技能、对学生的情感、对职业的发展。

(二) 影响思政课教师教育情怀生成的要素

一般而言，教师的教育情怀具有外显性与隐蔽性相结合的特质。一方面，教育情怀深厚的教师在育人行为上具有显性的特质，可以从其教育态度、教育行为中直接感受到；另一方面，教师的教育情怀也可以从教育的细节中体现，隐蔽地存在于教师教育的具体行为中，在短时间内不易显现，是一个长期动态的过程。教师教育情怀的生成并不是一蹴而就的，而是在日常的教育教学生活实践中逐渐生成，且在这一动态生成过程中，教师教育情怀遵循一定的路径。那么影响思政课教师教育情怀生成的要素是什么？本书运用教育现象学研究方法，通过对教育家型教师的教育情怀典型故事以及思政课教学名师的教育情怀生成故事，审视这一问题。从教师成长的客观环境要素分析，影响教师教育情怀生成的要素可以按照人认知发展的一般规律即"知、情、意、信、行"五个维度来进行阐释。对于思政课教师而言，要知道、了解高校思政课教师的育人职责和一般的专业课程有何区别，深刻明白思政课是落实立德树人的关键课程，从思政课的专业性和使命要求上明确自我责任。情感是思政课教师教育情怀生成的重要基础要素。没有持之以恒的教学情感，没有对学生无微不至的仁爱情感，没有培育时代新人的使命情感，就很难激发思政课教师的教育情怀。这就意味着思政课教师的教育情怀受到来自自身及外部情感的影响，这种情感是在知的基础上形成的。在思政课教师有了一定的教育情感后，这种情感相比情怀而言具有一定的短暂性和起伏性，需要强化思政课教师教育实践的意志，将对专业的热爱、对学生的热爱、对培育人的热爱变成持之以恒的事业来进行实践，形成坚定的育人信念，淬炼稳定、可持续的育人意志，最终化为教育情怀的实践行为。通过"知、情、意、信、行"的过程，可以看出正常情况下思政课教师教育情怀的生成受到四个主要因素的影响，即：知——对思政课育人的准确认知，情——要有热爱本专业、热爱教育事业的情感基础，意和信——要有为党育人、为国育才的坚定意志和信念，行——要体现在具体的行为实践中。如果思政课教师只是将其情怀体现在文字和话语上，而没有落到具体的教育实践中，那这样的情怀是虚伪抽象的表现，不具有成长性。

基于此，要想从一般常态实践上把握思政课教师情怀的培育，可以根据以上四大方面有针对性地制定培养策略。例如，思政课教师师德师风或教育情怀的理论知识学习；思政课教师教育情怀的体验感受活动，拜访思政课教学名师、优秀思政课退休老同志，以情感体验激发自我教育情怀；还可以举办思政课教师育人活动展播、思政课教师教育骨干选拔等，以情怀生成的实践路径把握教育情怀生成的培育路径。以上提到的是思政课教师在一般规律和影响要素下教育情怀的生成，但是不同的思政课教师的文化水平、接受能力、成长经验和实践感受是不一样的，课题组从访谈中也总结出优秀思政课教师教育情怀生成的一般影响要素。

从访谈的30位教师来看，在"您认为，影响高校思政课教师教育情怀生成的要素是哪个，请从如下选项排序，或者您有更重要的答案可以在其他当中写出"这一问题上。通过数据整理和分析，个人对思政课职业的认知和热爱排在第一位，占89.2%；其次是自我师德修养，占78.5%；个人学习工作经历的影响占66.5%；之后是学校、社会对教师职业的评价，政策的导向要求，师生的双向奔赴。在其他影响要素中，也有部分思政课教师罗列了其他看法。例如：家庭父母的影响；同事之间的相互学习；良好的尊师重教的氛围；对思政课的重视；教师福利待遇。事实上，从访谈中可以得出几个基本结论：一是思政课教师情怀的生成是一个复杂的综合体，并不是由单一要素影响就能生成；二是思政课教师普遍认为教育情感生成更侧重于精神的滋润，教师物质待遇只是其中一个前提基础，并不能成为最核心的影响要素；三是受访者认为思政课教师的教育情怀更多的是自我师德的养成，政策、环境的影响只是外在的要素，本质上还是取决于思政课教师主体的自我习得；四是思政课教师的教育情怀与从教时间成正比，符合教师成长发展中情感—情怀的生成规律。

访谈案例一：某本科高校思政课教师 A（双一流高校，退休教授，从事思政课育人 30 年）

A 教师是近年退休的思政课教师，是省内有知名度的思政课教学名师，在思政课教学一线工作 35 年，具有丰富的思政课育人经验，多次评为校级、区级优秀教师。所带的学生有本科生、硕士生，也兼任思政课教学管理工作。在访谈中，A 教师表示自己从事思政课教学的人生哲理就是要从学生的角度去探索和思考思政育人，特别是在指导学生学习和开展科研过程中秉持的原则是从学生的学习基础和兴趣出发；在谈到为什么热爱思政课教师这个职业，为什么自己能坚持扎根一线给学生上课时，她表示因为有职业自豪感，这种职业自豪感是学生和学校赋予她的情感，是长期在学校开展思政课教学过程中慢慢体会到的职业快乐和育人快乐，就算课酬低、工资低也觉得自己所从事的教学工作是一种精神享受，能够从教学中得到学生的肯定和赞美，是自我教育情怀持续生成的动力。

访谈案例二：某本科高校思政课教师 B（普通高校，讲师，在岗思政课教师，从事思政课育人 6 年）

B 教师在省内一所普通本科院校从事思政课教学工作，由于平台、资源等问题，评上职称的压力较大，日常教学挤占的时间较多。其本人对思政课教师的职业存在一定的情绪认知，觉得现在的思政课教师主要的任务不是上好课，而是如何拿多一些项目，对思政课教学的热情也有点后劲不足，对学生的教学工作也有了一定的"倦怠"，这些都导致了 B 教师认为自己的教育情怀还有进一步提升的空间。此外，B 教师也结合自己的故事谈到了教育情怀的生成主要还是靠自我内化及对思政课教师这个职业的喜爱程度，她本身也是因为受到自己老师的影响而坚定地成为一名思政课教师，并且希望成为学生喜爱的，能够用思政知识引领学生树立正确"三观"的人民教师，但由于工作压力大，自己在教育情怀上的实践深度和广度与习近平总书记提出的"情怀要深"的要求还有一定的差距，但是 B 教师对自我教育情怀的持续增强还是抱有信心。

访谈案例三：某高职高专思政课教师C（高职高专，副教授，在岗思政课教师，从事思政课育人12年)

C教师来自省内一所优质高职院校，近年来也顺利晋升到副教授职称，多次代表学校和本省参加思政课教学比赛获得较好的名次，其本人对思政课教师这一职业认可度较高。C教师认为，每位思政课教师的教育情怀在表现形式上会有差异，但是影响其教育情怀生成的要素无非就是职业认同、职业担当、职业发展、职业福利四大主要部分。C教师强调自己所在的学校给予思政课教师的政策及物资保障充足，让思政课教师能够安心育人，这是思政课教师情怀维系的重要前提和基础。此外，该校对思政课教师师德师风的培训和管理十分严格。总的来说，C教师更多地强调了教育情怀的外在影响要素。一是学校的重视程度，特别是学校领导对思政课的政策落实的号召力；二是教师身份的福利待遇，不仅体现在物质的基本福利，还体现在人文关怀的精神福利上；三是学校师德师风的管理，特别是思政课教师师德制度型规范的建设是否到位。

访谈案例四：某高职高专思政课教师D（民办高职高专，助教，在岗思政课教师，从事思政课育人2年)

D教师是从省内毕业的硕士研究生，刚入职一所民办的高职高专（非省会城市高职院校）。D教师入职从事思政课教学工作刚满2年，对思政课教学工作刚上手，对思政课教师教育情怀的认识还处在"懵懂"阶段，认为自己有一定的教育情怀，但是也时常觉得"迷茫"，特别是在科研上没有找到很好的研究方向，专业基础不牢固，在教学及比赛上也没有找到突破的捷径。加上民办学校思政课教师数量偏少，D教师需要承担大量的教学工作和日常行政安排的临时任务，其本人在现阶段缺少在教师教育情怀上的思考，对前途较为"迷茫"，这些内在问题都直接影响了其本人对教育情怀的深入理解。

(三) 思政课教师教育情怀的判断依据

教育情怀是客观存在又相对抽象的情感表达。所谓客观，主要体现在其真实存在于思政课教师具体的实践活动及师生交往过程中，体现出思政课教师的教育理念、教育经验、对待教育的态度，能够让与之交往的教育对象产生教育认同。所谓抽象，主要是对教师教育情怀不像工科的实验数据那样，可以通过紧密的数据进行参数设定，导出精准化、数字化的结果，能够用客观准确的教学数值衡量。例如，教师教育情怀主要是通过评价者对教师教书育人行为进行综合判断。这些判断是基于客观数据的分析得出的结论，如学生评价数据，学校评价数据和同行主观评价数据等。如，我们通过感动中国十大人物颁奖典礼、时代楷模等荣誉判断张桂梅校长具有深厚的教育情怀，但是我们无法用具体的数据表述其深厚的教育情怀的"深"的具体数值。对于思政课教师的情怀判断分析亦是如此，更多的是从其教育行为指向的最终结果的影响力来进行判断。

对思政课教师教育情怀及其判断标准的相关问题的正确认识，是思政课教师自觉朝着选定的目标努力前行的基础，是在思政课育人实践中创造有价值的人生的重要前提。正确评价思政课教师教育情怀的根本尺度，是看思政课教师的教育活动是否符合为党育人、为国育才的国家需求；是否深耕马克思主义理论领域，在思政课教学领域发挥创新创造能力，将对思政课的热爱、对学生的关爱付诸具体的育人实践全过程，并始终坚持知行合一，在思政课教育领域默默奉献；是否发挥专业优势服务社会，体现其社会价值。在当前，衡量思政课教师教育情怀的标准，最重要的就是看思政课教师是否用自己的育人责任和专业能力为国家和社会培育合格的人才，为思政课教育事业尽心尽力奉献。客观、公正、准确地评价思政课教师教育情怀的深浅，除了要掌握科学的标准外，还需要掌握恰当的评价方法。

一是既要看教育贡献的大小，也要看尽力的程度。每位思政课教师的学历、职称、受教育程度及工作能力是有差异的，在开展思政课育人上存在一定的差距，这种差距既有来自客观环境及条件的影响，也有本身能力禀赋的差异。如果简单地将思政课教师的情怀用能力的大小来衡量，就陷入了形而上学、固化的评价形式。在考察思政课教师教育情怀的过程中，既要注重思政课教师教育能力及影响力的大小，也要看其在教育事业上努力及奉献的程度。例如，思政课教师群体中的优秀教师、模范教师是具有深厚教育情怀的教师代表，他们的教育事迹是当代思政课教师教育情怀的生动诠释，但思政课教师群体人数较多，除了这些典型优秀的思政课教师外，其他教师的教育情怀也值得关注和点赞。哪怕是刚入职没多久的年轻思政课教师，只要努力地在开展思政课育人，即使还没有达到前辈的高度，我们也认为其具有一定的教育情怀，只是其教育情怀还没有形成稳定的可持续的心理状态，还需要不断通过教育实践强化。每一位思政课教师，不论从事思政课教师的年限多长，只要在思政课教师岗位上尽职尽责、兢兢业业，积极为党育人、为国育才作贡献，就应该对他的教育行为及教育情怀给予积极肯定的评价。

二是既要看重教学、科研的贡献，也要注重关爱学生的情感贡献。思政课教师要提高自身的教学水平，增强思政课育人的效果，就要不断提升自身教学技能及科研水平。优秀的思政课教师不仅在思政课教学领域具有突出的教学贡献力，具有深厚的理论研究功底，还需要围绕教育对象的实际情况开展具有针对性、实效性的育人实践活动，引领学生的思想价值，帮助学生"扣好人生的扣子"。在对思政课教师教育情怀的评价中，我们既要重点关注思政课教师为开展教育深耕课堂教学，不断创新教学模式，提高教学效果的努力和贡献，也要看到某些擅长开展思政课教学研究的思政课教师用科研创新为教学提供科研指引，服务思政课教师更好地利用科研成果开展教学育人的内在贡献。对于教学技能及科研水平不是很精尖的思政课教师，如果在关爱学生成长、注重实践育人上发挥作用，能够展现思政课教师生活教育理念，从实践创新上推进育人实效，也是值得鼓励和肯定的表现，从侧面也体现出教师的教育情怀。因此，在评价思政课教师教育情怀的过程中，要结合不同维度，从能够增强学生获得感的结果角度看思政课教师教育的努力和奉献，而不是仅从单一的教学或者科研的维度看待。

(四) 激发思政课教师教育情怀的实现条件

教育情怀不是抽象的存在，而是具体体现在教育实践当中。思政课教师只有在教育实践中努力践行教育情怀的四大基本内容，才能有效展现思政课教师教育情怀。但是，思政课教师的教育情怀从来都不是说有就有，凭空产生的。思政课教师只有在一定的主客观条件的配合下才能激发自己的教育情怀，实现教育奉献。因此，正确把握教育情怀实现的条件至关重要。

在当前的思政课教育实践中，要把握思政课教师的教育情怀，就要从客观条件出发，这也就是我们提到的，思政课教师的教育情怀是在实践中形成，并依赖一定的客观条件实现的。在不同的学校，由于马院建设的水平和思政课教师的教学环境不太一样，实现思政课教师教育情怀的客观条件也存在一定的差异。虽然教育情怀主要是由个体的理想信念和执着坚定的毅力来实现，但是客观环境的影响也是极其重要的。例如，如果马院对思政课教学不重视，思政课教师队伍建设的体制机制不健全，就会影响思政课教师教育情怀的生成和持续地发挥作用。党的十八大以来，以习近平同志为核心的党中央高度重视思政课建设及思政课教师队伍建设，为不断提高思政课教师队伍的育人效果，制定了多项有利于思政课教师发展的措施，从物质保障、精神鼓励，再到单列职称、比赛、评优等，思政课教师迎来了发展的最好时机。这些都属于激发思政课教师教育情怀生成的良好外部环境和社会发展条件，为思政课教师发挥其育人才智、践行教育情怀提供了有利机遇。思政课教师要珍惜当前发展的历史机遇，把自己的教育追求及教育情怀的实现建立在正确把握当前培育时代新人的实践基础上，努力成为一位有深厚教育情怀的人民教师。

践行教育情怀要从个体自身条件出发。从事思政课教育工作的教师整体素质较高，绝大部分思政课教师都具有坚定的理想信念。但教育情怀除了有理想信念的支撑要求外，还在教学、科研专业性、对学生的育人智慧等方面有要求，而不同的思政课教师的能力有差异，因此，在具体的教育教学实践中，需要从完善自身条件出发，激发思政课教师的教育情怀。特别是对于刚入职的思政课教师而言，他们绝大部分是从学校到学校，没有经过社会的历练，在教学理念、教学方法、教育实践等方面比较欠缺，这些都是影响思政课发挥育人作用的要素。但是青年思政课教师最大的优势是年轻，有活力，有自我完善提升的朝气和积极向上的动力，这是激发和增强思政课教师教育情怀重要的自我内在要素。但同时，青年思政课教师由于教育专业知识的储备和教育实践的经历还不够，或者是学生的学习能力差异较大，在教育实践中存在简单、机械的教育行为。此外，对"00后"大学生的学情把握不够，对学生的思想价值引领的能力也有所欠缺，容易产生教学自信的欠缺，一遇到育人挫折，就可能产生想要"躺平""放弃"的念头。简单地将思政课教育理解为完成规定的课堂教学任务，但对学生的关注度不够，师生全过程育人的效果不凸显等，这些都是在具体现实中容易消解思政课教师教育情怀的客观现象。因此，思政课教师要客观认识自己，认清自己在践行教育情怀四个主要内容上存在的不足，准确把握影响教育情怀践行的自身条件，不断增强激发教育情怀的能力和本领。

激发和培育教育情怀需要思政课教师充分发挥自我主观能动性。卡尔·雅斯贝尔斯（Karl Jaspers）认为："所谓教育，不包括知识内容的传授、生命内涵的领悟、意志行为的规范，并通过文化传递功能，将文化遗产交给年轻一代，使他们自由地生成，并启迪其自由天性。"[①] 教育情怀是内生性的情感表象，并外化表现在具体的教育实践行为中。个人的主观努力，在相当大的程度上决定着教育情怀实现的强弱程度。人的能力具有累积效应，能够通过学习、锻炼而得以提升。教师的教育情怀亦是如此。只要对标教育情怀的四个主要内容，以思政课教师的使命担当为己任，肯学肯干肯钻研，练就思政课育人真本领，掌握育人技巧，发挥思政课价值引领作用，用真情实感去成为学生的知心人、引路人，就能立足岗位成长成才，在育人实践中发现广阔的天地，激发教育情怀，践行教育情怀。此

---

① 雅斯贝尔斯. 什么是教育 [M]. 上海：上海三联书店，1991：3.

外，思政课教师在育人过程中体现教师本身的自我价值、社会价值，由此感受到思政课育人带来的满足感、幸福感和荣誉感。因此，思政课教师要通过各种方式和途径增长育人的专业才干，增强育人的各项本领，提高自身各方面的能力，为展现思政课教师教育情怀，实现教师教书育人的人生价值做好充分准备，奠定扎实的专业基础。

三、思政课教师教育情怀的整体审视

习近平总书记在中国人民大学考察调研时指出："对教师来说，想要把学生培养成什么样的人，自己首先就应该成为什么样的人，培养社会主义建设者和接班人，迫切需要我们的教师既要精通专业知识、做好'经师'，又涵养德行、成为'人师'，努力做精于'传道授业解惑'的'经师'和'人师'的统一者。"① 对思政课教师教育情怀的研究不是藏在书斋里开展的理论研究，而是需要走向以实践为导向的社会调查。

党的十八大以来，以习近平同志为核心的党中央着眼培养社会主义建设者和接班人，高度评价思政课教师队伍在铸魂育人、立德树人方面的重要作用，极为重视思政课教师队伍建设，并对广大思政课教师提出殷切期望。在学校思想政治理论课教师座谈会上，习近平总书记强调，"思政课作用不可替代，思政课教师队伍责任重大""思想政治理论课是落实立德树人根本任务的关键课程""办好思想政治理论课关键在教师，关键在发挥教师的积极性、主动性、创造性"，并提出"政治要强、情怀要深、思维要新、视野要广、自律要严、人格要正"的新标准、新要求……一系列重要论述为新时代办好思政课、加强思政课教师队伍建设指明了方向，提供了根本遵循。

近年来，党中央高度重视思政课教师队伍建设，投入了大量的人力、物力，思政课教师队伍不断壮大。教育部数据显示，截至2023年底，全国高校思政课专兼职教师超过14.5万人，其中专职教师超过11.3万人，

---

① 坚持党的领导传承红色基因扎根中国大地，走出一条建设中国特色世界一流大学新路［N］.光明日报，2022-04-25（1）.

教师队伍的专职化、专业化水平显著提升，形成了专业化强、素质高、育人特色突出的鲜明效果。在党中央的坚强领导下，全国各地高校党委根据本校实际情况，集合全校力量，积极打造具有学校特色、地方特色的思政课教师建设模式，涌现出一大批具有深厚教育情怀的优秀思政课教师，为全体思政课教师不断自我奋进，展现教育情怀树立了良好的榜样。

课题组通过问卷调查和个别访谈的形式对思政课教师教育情怀及其培育做了田野调查。数据来源包括：一是网络调研。采用问卷星开展网络调研，将完善后的问卷调查通过网络的形式以省内各高校为主，兼顾全国东中西部各级各类高校思政课教师。为了提高调研采集数据的真实性，课题组点对点地联系高校马院负责人或者教师，面向马院内部思政课教师进行问卷。在调研过程中，注重调研对象的任职时长、年龄结构、性别结构、学历职称结构、学校层次等，尽可能保证问卷调查的客观性和多样性。二是访问调研。访问的对象主要是马克思主义学院专职思政课教师，部分马院负责人、人事处领导等。课题组通过实地拜访调研和网络、电话等在线调研相结合的形式开展访问调研。思政课教师教育情怀属于思政课教师队伍建设中的素养提升部分，重点围绕思政课教师的德育方面进行调研，掌握思政课教师教育情怀生成、培育、巩固和进一步强化的实践路径。三是案例分析。通过《人民日报》《光明日报》和学习强国平台、各高校官方媒体发布的思政课教师队伍建设案例等进行个案分析，从优秀的个案中凝练出优秀思政课教师教育情怀生成和发展的一般规律。

1. 思政课教师队伍总体上具有坚定的理想信念，极少数教师对理想信念的认知及育人使命担当的理解还不够深刻

思政课要解决学生理想信念问题，要让有信仰的人讲信仰。引导学生对马克思主义的信仰，对中国特色社会主义的信念，只有在思政课教师心中扎下马克思主义理论发展的科学之根，才能在学生心中开花结果，培养学生成为坚定的马克思主义者。在关于思政课教师理想信念的问卷调查和访问中，由于思政课教师必须为中共党员（或预备党员），绝大部分思政

课教师在政治素养上都表现出坚定的理想信念，都能准确地表达出习近平总书记对思政课教师"六要"的要求；对实现共产主义理想信念的科学性和真理性坚定不移，能够"在马言马，在马信马"，这是积极的表现。但是极个别学校，特别是高职高专及民办学校，部分思政课教师在马克思主义理论专业知识的学习和积淀上还不够，对实现共产主义，坚持中国特色社会主义道路的历史必然性和发展逻辑性的理解上还不够深刻，需要强化。极少数思政课教师在教书育人的使命担当上的情怀还不深，在育人实践中存在不够专业、态度不够积极等问题也是有主客观原因的。

  首先，部分教师在职业认同上还存在"动摇"的思想倾向，对思政课教师的岗位认知还不够深刻，只是将思政课教师定位为一般的职业，没有从思政课教师职业的重要性和思政课教师育人使命担当的角度去强化认同本职岗位。其次，部分青年思政课教师从学校到学校，在思政课育人的理论知识储备上较为丰富，但是育人实践经验缺乏，在育人过程中没有充分地将马克思主义理论与当前新时代高校思政课育人紧密结合，在实践过程中缺少专业自信和实践自信。再次，当前信息时代，市场经济发展迅猛，个别思政课教师受到多元经济文化的影响，在一些功利化价值观影响下，对教师岗位存在自我矮化，对教育工作的积极性和主动性有所懈怠。在职业发展过程中，难以保持育人定力，"既想深耕思政课育人，又想获得市场上的职业高收入"，在不断的自我"纠结"心理博弈下难以沉下心来钻研育人工作，影响思政课教师教育情怀的稳定"输出"和持续"增强"。最后，学校及学科专业发展的大环境影响。当前，随着马克思主义理论学科的扩大招生和思政课教师队伍的扩大招聘，思想政治教育队伍越来越庞大，必然带来思政课教师准入门槛的下降，进而影响思政课教师的整体素质。特别是对高职高专而言，这个影响更大。在这一背景下，小部分思政课教师的教学专业度及教育情怀的深度都存在一定的差异。有老师在访谈中就提到，"部分教师进入思政课教师队伍是因为有思政补贴，是因为国家重视，感觉发展的机会更多、前景更广"。这些现实问题值得思政课教师队伍管理者深入探究。

2. 大部分教师具有身正为范、乐教爱生的道德情操

教师的道德自律是提升师德修养的关键。汉代名儒董仲舒所言"治我要严，待人要宽""义之法在正我，不在正人"，即强调道德自律的重要性。当前，绝大部分思政课教师秉持了教育工作者应有的职业素养，能够严于律己，按照教师的师德师风要求自己，做到言行一致。例如，有的思政课教师长期扎根思政课教学一线，承担大量的教学工作，在工作中无怨无悔；有的思政课教师具有坚定的理想信念，扎根教育事业，成为学生的精神引路人；还有的思政课教师乐于参加义务志愿活动，用自己的专业践行共产党人的初心使命，也为学生树立了服务社会、奉献国家的高尚道德情操。这些思政课优秀教师、教学楷模弘扬和践行教育家精神，是新时代"四有好老师"的典型代表，得到了学生、家长及社会的广泛认可。问卷和访谈调研发现，个别思政课教师的道德情操还有待强化，自律性还有待加强。例如，个别思政课教师仅仅将思政课教师这个职业当作谋生的手段，缺少将其当作事业的感情基础，对思政课教学的喜爱不够，存在应付上课的"倦怠"情感。还有的思政课教师存在师德师风问题，在个人作风上没有起到先锋模范、教师垂范的作用，对思政育人产生负面影响。例如：在微信上转发不合适的图文；在网络上发表不合时宜的话语；在与学生交往过程中存在师生边界不清；在学术研究上存在学术不端风险等。这些问题既存在于思政课教师队伍中的某些教师身上，也会在其他专业课教师群体中发现。对于小部分思政课教师存在的道德瑕疵，我们要辩证地分析其产生的原因，以便于更好地提高思政课教师的师德水平，唤起思政课教师的教育情怀。首先，主观原因是关键。马克思主义认为，内因决定外因，这是最普遍的哲理。小部分思政课教师在师德行为上存在瑕疵主要归因于个体思想意识和价值判断。例如，理想信念不够坚定，对待教育没有情怀根基，在道德实践中缺少自律精神，对自我道德的约束力不够，虽然长期接受师德师风教育，对教育认知也有一定的了解，但内心对教育道德的践行缺乏坚定的自律精神，导致产生道德风险和错误的道德实践行为。其次，客观环境对主观个体的影响，产生道德瑕疵的"引诱风险"。思政

课教师作为独立的个体，生活、工作在客观真实的社会环境中，必然受到来自社会外界的价值观和各种实践行为的影响。对于部分思想意志不够坚定的思政课教师来说，外在的负面思想和错误的观念及同伴影响会动摇思政课教师的教育理想、教育情怀，进而在外在因素的介入下不断产生"偏移"路径的育人行为，严重者会产生错误行为。但是对于优秀的思政课教师而言，其自我道德认知水平较高，在道德实践中有强大的自律意志作为支撑，能够坚定地抵御外在错误思潮的影响，始终坚守思政课教师的职业底线和育人情怀。

3. 大部分教师勤学传道，能够根据学生的具体学情开展因材施教，体现出育人的专业性

思政课教师和其他专业课教师一样，都需要深厚的专业基础知识去开展理论与实践教学。对于思政课教师而言，勤学是保证教学知识专业性稳定增强的前提基础。在对思政课教师的调研中，98%的教师表示勤学是思政课教师必须保持的优良习惯；80%的教师表示每天都会通过学习强国、官方公众号去了解马克思主义理论领域相关的学术动态、教学动态。在关于"思政课教学的学情分析"的调研中，69%的教师表示会关注到班级学生的具体学情，会结合特定的教学内容和班级情况进行授课，让教学更具有针对性；72%的教师在实践教学中会根据学校专业特色、地域资源以及学生的特点有针对性地开展活动。还有的思政课教师表示，还会结合二级学院、校团委、学工处等思想政治教育资源和师资力量，开展联合专业育人。当然，除了看到思政课教师表现出教学专业度、育人能力不断提高的优势外，也要看到一小部分思政课教师在教学上还不够用心，在专业知识的自我提升进修方面还不够积极，没有做到认真备课、创造性开展教学，存在一定的应付式教学现象或者就"授课而授课"，没有体现出思政课教师的主动性和创造性。这些问题的产生有一定的现实原因。对于部分高职高专思政课教师而言，由于学习习惯和教育背景的经历等原因，小部分教师对马克思主义理论专业的深耕程度不是很高，对思政课教学还没有找到适合自己的方法，在深耕教学上并没有更好的实践经验，这也导致了部分

思政课教师在思政育人上存在一定的经验不足；也有的思政课教师忙于其他行政事务或者校外兼职，没有足够的时间和精力去开展专业提升，在学习专业知识上存在不足，进而影响了其授课水平和科研能力。此外，学生的学习态度和学习素养也会间接影响思政课教师教学水平的发挥和教学热情的激发。教学是相互成长的过程，不是思政课教师单向度的付出。在思政课教学过程中，要启迪学生智慧，不断提高学生参与教学的积极性和主动性。在调研过程中，有部分思政课教师表示，学生参与教学的积极性不高，对教学的领悟力不够，长此以往，容易使教师产生教学"懈怠心理"，即不做高难度的知识储备，只是简单地重复基础知识，以迎合学生的课堂表现，这样的状态将会形成恶性循环——教师难以维持高水平的教学状态，学生也会因为教师的教学倦怠产生厌学心态。从教育的过程规律来看，还是要从教师的教学创造性和适应超越性看高职院校学生的接受能力，也就是要从学生适应的角度去改变原有的教学方式，提高教学内容与学生喜好和关注领域的黏合度，不断地通过反复的鼓励和适应，让学生走进思政课教学的过程，形成师生互动和交往的良性循环。这也是思政课教师具有较强教学创造性、教学适应性、教学专业性的体现。只有在反复的"教学实验"中总结规律，自始至终地以学生的发展需求为导向，不断调整教学，才能够体现思政课教师深耕教学的敬业精神和以学生为本、以育人为先的教育情怀。

4. 大部分教师能够做到启智铸魂、价值引领的持续奉献

在上好思政课的同时对学生进行知识传授、思想塑造、价值引领，按照党和国家对大学生的要求进行培养，这是每一位思政课教师在开展思政育人过程中必须肩负起的责任。在调研过程中，98.5%的教师认识到思政课教师的使命责任重大，认为思政课教师需要着重于对学生精神世界的关照和价值观念的引领；在谈及思政课教师和专业课教师的区别时，87%的教师能够很清晰地从课程思政和思政课程的异同中总结出思政课教师育人的独特性和其对学生价值引领的重要性。在访谈和走访部分高职院校马院思政课教师的过程中，大部分教师都提到了对学生价值引导的难度，也提

到了学生价值引领过程中自我本领的不足，这些都是值得关注的问题。有个别教师提到了对学生价值引导不仅体现在课堂教学中，还要持续性地关注学生的未来成长。有94%的思政课教师表示会积极地通过添加学生微信或者QQ，保持同学生的往来；在课程结束后，还会关注个别学生，让思政课成为学生终身受益的课程。这也从侧面反映出了思政课教师对学生的关注和关爱，是思政课教师教育情怀的重要体现。也有个别思政课教师表示，"对学生的关注仅限于课堂，由于工作时间不够，很少会主动加入学生班群，在课程结束后也只是通过朋友圈去关注学生动态，很少与学生交谈"。这从客观上也能理解，毕竟思政课教师要面对全校不同专业的学生，数量庞大，很难做到关注每一位学生。但是能够主动地通过学生的联系请求，耐心地回答学生在学习和未来成长中遇到的思想困惑和价值选择困难，并成为学生的引路人，这本身就是一种亦师亦友的教育情怀才能做到的持续奉献。调研发现，有的思政课教师会组建关爱群，将对马克思主义理论有研究兴趣的学生集合在一起，分享理论故事，让课后思想政治教育延续，以此作为学生和老师双向奔赴的桥梁和纽带，这也是思政课教师教育工作的情怀延伸。

四、思政课教师教育情怀培育的主要形式、主要路径、可优化的空间

思政课教师的教育情怀主要靠教师的自我成长激发出来，是思政课教师在长期的教育实践中生成的共性情感。作为情感的生成，教育情怀不是抽象的存在，而是具体地表现在教师教育行为的方方面面。思政课教师队伍建设很重要的一个任务就是培育思政课教师的教育情怀，让思政课教师能够从内心自发地形成对思政课教师的岗位认同、职业自信以及深厚的教育情怀，成为培养有理想、敢担当、能吃苦、肯奋斗的时代新人的引路人。通过对部分高职院校思政课教师教育情怀培育总体情况的调研，本部分从思政课教师群体教育情怀培育的主要形式、取得的优势经验、存在的问题及可优化的路径等四个方面进行研究。

（一）当前高职院校思政课教师教育情怀培育的主要形式

思政课教师教育情怀培育是一项隐含在众多师资队伍建设当中的工作，要用联系和发展的观点去看待思政课教师教育情怀的培育工作。例如，在教学、科研培育中会提高教师深耕教学的专业度，也会引导教师要注重科研转化为教学，科研反哺教学，实现教学科研双向互动；在师德师风建设中也会关注思政课教师师德品行的养成，这也是间接在培育思政课教师教育情怀中的师德内容；还有在开展义务劳动、社会志愿服务的过程中培育教师乐于奉献的精神品质，也是思政课教师教育情怀的重要内容之一。所以，如果按照线性思维去理解教育情怀的培育需要召开教育情怀培育专项活动，很显然，绝大部分高校基本上还是围绕这一主题开展具体的活动，很少召开专项活动。

首先，以各项思政育人项目的开展为依托开展思政课教师情怀培育工作。高校教师队伍建设需要全过程融入学校各项事业发展之中。对于思政课教师队伍而言，其教育情怀的培育被摆在教师队伍建设的重要位置。对于思政课教师而言，可以通过参与学校发展过程中的思政项目的实践锻炼去激发教学情怀。此外，思政课教师对学生开展思想政治教育经常提到要润物细无声地给学生"灌输"正确的价值观点，帮助学生成长为社会、国家需要的人才，对于思政课教师队伍教育情怀的培育也是一样。如果只是简单地通过几次会议、几次集中培训就让思政课教师教育情怀得到提升，这是不太现实也收效甚微的形式。也就是说，如果能借助思政育人项目的开展，在育人过程中实现教师自我教育情怀的内生，又能完成对学生的教育，实现师生相长才是最好的方式。在这一逻辑视域下，就很考验师资管理者的顶层设计和管理艺术。例如，某高职院校通过搭建思政课教师下"一站式学生社区"开展思想政治教育工作，其文件中提到了要发挥思政课教师在学校学生公共服务中的铸魂育人作用，提高思政课教师服务学校的能力，从而提高思政课教师与学生之间的黏合度，在服务学生的过程中提高奉献精神，涵养教师教育情怀，锻造一支专业性强、有育人情怀的新时代高素质教师队伍。事实上，单纯从文件的理解上，看似增加了教师的负担，占用了教师的时间，但是从内在的教师情怀培育看，这个文件制定的政策也是对思政课教师教育情怀培育的有益探索。第一，从与学生交往的角度看，可以有效地激发思政课教师参与学生的社区活动，了解大学生日常的学习习惯，帮助建立良性循环的师生共有关系，让教师在学生社区活动开展中发挥立德树人的价值引领作用，成为学生有益的成长引路人。第二，通过鼓励思政课教师参与学生"一站式社区"工作，有助于了解学校思想政治教育实践活动动态，了解当前青年大学生的学习困惑，引导思政课教师主动关注学生成长，将思政课教学备课与学校学生活动有效结合，增强思政课教学的针对性和鲜活性，更好地发挥思政课教师传道解惑的作用，让思政课教师的教育情怀扎根于与学生相处的时间和空间，在参与学生活动中孕育思政课教师的教育情怀。第三，积极主动参与学生"一站式社区"思想政治教育工作是检验思政课教师育人奉献精神的试金石。对于思政课教师而言，教育情怀的体现是积极主动地参与到学生思想政治教育的具体活动，是真诚地、发自内心地喜爱学生，这是教师教育情怀的共性特点，也是基于主观情感表现的主要精神标识。参与"一站式社区"从客观预见性而言，会占用思政课教师课余时间，增加教师工作量，并且属于义务性质的学生服务工作，教育情怀和教育奉献精神不强的老师会产生主观上的"排斥心理"，进而产生以自我的主观判断去支配客观行动的践行，也就是消极的参与。从教师主动参与的积极心理角度看，必然需要一种强烈的精神动力去推动思政课教师主动参与，并享受参与育人过程的乐趣，实现自我教育，激发内生教育情感。这种情感变化一般以主观表达为判断，辅助客观行动上的具体行为加以综合分析。

其次，以网络培训为辅助手段，通过多元网络培训为基本实践路向培养思政课教师教育情怀。学校师资管理主要围绕线下主题培训对思政课教师开展师德师风培训，其中就包括教师教育情怀培育的内容。就目前而言，单独开展思政课教师教育情怀的主题培训还是相对较少。在调研过程中，94%的被调研对象反映，"学校主要还是以思政课教师的综合性培训为主，其中涵盖了师德师风建设培训，而教育情怀就是含在师德师风教育里面的核心内容"。"在关于你参加的培训数量中,具体形式为线上还是线下"的访谈中,大部分教师表示,还是以线下师德培训为主,线上培训为辅。线上开展的思政课教师培训关于教育情怀的内容主要集中在优秀教师分享、教师案例解读、习近平总书记关于教育的重要论述等方面。总之,教育情怀的培训是一个涉及多个方面内容衔接及分析不同教师层次具备的教育情怀特性的过程,旨在增强教育工作者在教育事业中的情感认同和责任感。大部分受访对象表示,在网络培训内容的安排上,主要围绕以下几个方面开展培训。一是围绕家国情怀教育展开培训,强调教师对国家的认同和热爱,通过了解国家的历史、文化和社会发展,培养教师的爱国情感和家国情怀;开展校外实践活动,让教师亲身感受国家的风采,增强对家国的热爱之情。二是关于教育情怀中的职业道德教育。例如:深入解析教师职业道德的内涵和要求,增强教师的道德素养和自律意识;通过案例讨论和角色扮演等方法,让教师在实践中锤炼职业道德,培养道德品格。三是敬业、守业、乐业精神培养。强调教师爱岗敬业、潜心教书育人的重要性;提供专业的教育教学资源和前沿的教育教学理论,帮助教师不断学习和成长,提高教学质量和教育水平等。四是建立师生情感的教学情怀培育。培养教师积极对待教学和学生,尊重学生、爱护学生,关心学生发展的情感。通过开展有针对性的心理辅导知识培训和开展心理健康教育实践活动等方式,帮助教师更好地与学生沟通和交流,营造良好的师生交往氛围,建立融洽的师生关系。五是关于美的教育追求。强调教师在教育过程中给学生带来美的感受的重要性,塑造优雅温和的形象,创造舒适的人文教育精神环境,追求真实、健康的精神生活,以及在培训中加强对美的教育理念和实践的培养,提高教师的审美品位和艺术修养。

在培训方式上,主要通过理论讲授和案例分享、情感体验等形式开展培训。例如,教师需要通过实地观察、互动交流等方式,深入了解学生的成长需求和情感体验,从而培养出真挚的情感和责任感;通过师生互动交往和心理辅导,在日常教学实践中增强教师与学生的情感交融,以增强教师对学生的情感认同。通过心理辅导等方式,帮助教师化解心理压力,保持积极阳光的教育情感。大部分教师反映，在培训效果上，教师感觉收获是显而易见的，主要体现在以下几个方面：一是提升了教师的专业素养和道德水平，增强了教师的责任感和使命感；二是激发了教师的工作热情和创造力，提高了教师的教学质量和教育水平。三是营造了良好的教育环境，促进了学生的情感认知和个性发展。综上所述，教育情怀的培训是一个全面、系统的过程，需要关注教师的情感认同和育人责任感，通过多种方式和手段进行培育和提升。

最后，以教育家精神为指引，结合教师本职工作开展思政课教师教育情怀培育的主题活动。2018年，中共中央、国务院印发的《关于全面深化新时代教师队伍建设改革的意见》指出，到2035年，培养造就数以万计的教育家型教师。党的二十大报告指出，"加强师德师风建设，培养高素质教师队伍，弘扬尊师重教的社会风尚"[1]。理解教育家精神，要在从事教育研究、追求教育目标、践行教育理念的实践过程中展现出独特精神气质。2024年，在第39个教师节来临之际，习近平总书记致信全国优秀教师代表，对全国教师在教育岗位上作出的努力给予充分的肯定，并在多次会议上肯定广大教师为国家发展、民族振兴作出的重要贡献，深刻阐释了教育家精神的丰富内涵和实践要求，并赋予新时代人民教师以崇高使命。以高职院校为例，通过全校性教师教育家精神培育主题活动的开展，充分发挥优秀教师代表在教育情怀上的引领作用，形成教育家精神传帮带的良好氛围。例如，结合黄大年式教学团队开展教师教育情怀培育活动，特别是针对思政课教师团队的培育；结合教育家精神主题宣讲，邀请优秀思政课教师代表走进学生社区开展教育家精神宣讲活动；或者通过专题宣传活动，征集和展播优秀思政课教师在教书育人、创新教学方面取得的成果，让善教、乐教成为全校教师追求的素养目标。

（二）当前高职院校思政课教师教育情怀培育的经验总结及亮点特色

思政课教师教育情怀的培育是一项长期见效的教师队伍建设工作。按

---

[1] 习近平. 高举中国特色社会主义伟大旗帜 为全面建设社会主义现代化国家而团结奋斗：在中国共产党第二十次全国代表大会上的报告[M]. 北京：人民出版社，2022：34.

照思想政治教育的客观规律，教师教育情怀的产生遵循一定的教育规律和自我内化规律。从培育的角度看，涉及教师本身、教育管理者的培育制度和路径建设，还会受到教师对象本身所处的职业环境的影响。课题组成员调研多个高职院校，遴选出一些具有代表性的高职院校进行深入的个案分析和共性总结，希望通过对比分析总结其中可推广、可复制的经验。

1. 当前高职院校思政课教师教育情怀培育经验总结

教育是百年大计，关系着培养社会主义接班人的时代重任。培养什么人、怎样培养人、为谁培养人始终是高校开展各项工作需要回答的问题，而抓好培养人的关键是要有高水平、高素质的教师群体。高水平教师必然具备高水平的师德模范素养，这就体现出师德师风建设始终是高校教师队伍建设的重中之重。而思政课教师教育情怀的培育是教师队伍师德师风建设的重要组成部分，也是提高思政课教学队伍素养的关键。党的十八大以来，各地高职院校深入贯彻习近平总书记关于思政课建设的重要指示精神，在办好思政课的同时强化思政课教师队伍的情怀培育，形成了不同的做法，其中一些共性的经验是值得关注的焦点。

（1）加强党对思政课教师教育情怀的培育工作的领导是关键。以习近平同志为核心的党中央高度重视思政课教师队伍建设，对思政课教师提出了"六要"的要求。各高校党委牵头，统筹全校资源和理论，不断加强思政课教师队伍建设，尤其是通过各项体制机制建设，不断激发思政课教师围绕立德树人这一根本任务守正创新，激发教育情怀。习近平总书记在中央全面深化改革委员会第二十二次会议上的讲话指出："加强党对教育工作的全面领导是办好教育的根本保证，要在中小学校建立党组织领导的校长负责制，把政治标准和政治要求贯穿办学治校、教书育人全过程各方面，坚持为党育人、为国育才，保证党的教育方针和党中央决策部署在中小学校得到贯彻落实。"[①] "强国必须强教，重教必须尊师。各级党委和政

---

① 习近平主持召开中央全面深化改革委员会第二十二次会议强调加快科技体制改革攻坚建设全国统一电力市场体系建立中小学校党组织领导的校长负责制［N］. 人民日报，2021-11-25（1）.

府都要把兴学育才作为为政之先，一如既往地重视教育发展。"[1] 通过对部分高职院校的调研，在思政课教师教育情怀培育方面做得好的学校第一个鲜明的经验便体现在高校党的领导上，始终坚持党对教师队伍建设的全面领导，保证了思政课教师教育情怀培育的重要性得到落实，培育的政策得到保障，具体开展的培育工作得到有效推进。例如，有的学校明确要求，党委领导要主动对接思政课教学部门，为思政课教师队伍师德建设和教师情怀培育把方向、落政策，确保思政课教师能感受到学校对思政课教师队伍的重视，也体现出党委的重视和对思政课教育情怀培育的有效关注；还有的学校将思政课建设纳入党委年度考核任务，其中涉及的教师队伍建设涵盖了教师教育情怀等方面的培育工作，使思政课教师教育情怀培育成为学校教师队伍建设的重点工作等。

（2）将思政课教师教育情怀培育纳入教师队伍工作的重点任务。课题组在走访的过程中发现，各级党委高度重视思政课建设，特别是把思政课教师队伍的整体素养建设放在重中之重。体现出对思政课教师队伍建设的重要性，体现出思政课教师队伍情怀培育的及时性和特殊性都要从现实的具体的政策和制度的建设中去佐证，而不是仅表现为一种形式口号。部分高校党委确立"思政课教师情怀培育寓于专题培训"的建设思路，并将其作为重点工作去推动。一是在大师培训中增加教育情怀培育相关的重点主题内容。一般而言，对于学校党委及主管师资培训的领导来说，除了针对思政课教师队伍的教育情怀培育而设定的专门性培训主题课程外，还会结合学校师资培训的重点工作，将思政课教育情怀培育纳入大培训体系，将教育情怀培育的范围扩大到全体教师，而不是紧紧围绕思政课展开，这也有利于在全校形成教师教育情怀专题培训的最优配置和最佳效果。二是在校园文化建设专栏中，会着重于宣传和营造以教育情怀为核心的师德榜样文化氛围，将思政课教师教育情怀的外在环境的建设纳入全校师德文化建设的重点工作。这也是和前面第一点提到的，要从大思政的角度去将思政

---

[1] 强国必须强教 重教必须尊师 [N]. 中国教育报，2015-09-09 (1).

课教师情怀培育与全校师德建设有机结合，而不是单一地围绕思政课教师教育情怀培育做"直线式"单一的培育工作。三是在教师队伍建设过程中，强调思政课教师教育情怀的自我内化，为思政课教师设立单项培育环节，特别是从教师师德的理论指引、师德榜样的推崇、外在环境的营造等方面去激发思政课教师教育情怀的内生性建设，以外促内。

（3）完善思政课教师队伍建设的体制机制，增强思政课教师教育使命感，内化教育情怀。前面章节中提到，教师教育情怀的生成最主要的是从内在自我生成入手，即从教师教育情怀的自我培育着力。思政课教师教育情怀的自我养成更多的是从对思政课职业本身的认同中激发而来。从逻辑演绎角度看，只有满足了思政课教师自我职业成长的需求，才能不断增强其教育情怀的自我满足，进而内化为一种具有稳定性的心理倾向。从这个内在关联的逻辑视角看，也就佐证了大部分高校从完善思政课教师队伍建设的体制机制角度增强队伍职业自信，从而激发思政课教师教育情怀的不断生成、巩固和抒发。完善思政课教师队伍建设的体制机制主要从以下几个方面进行考量。一是从思政课教师基本教学管理的体制机制入手，确保思政课教师教学活动的有效开展，提供良好的发展环境；二是科学完善思政课教师职业发展规划及能力提升培训机制，让思政课教师保持良好的育人状态，不断增强其综合素养，进而有效激发其教育情怀；三是优化思政课教师激励机制和评价机制，让思政课教师回归教书育人的常态工作，保障思政课教师有更多的时间和精力投入一线育人工作。

（4）以强化校园尊师重教的隐性育人环境为抓手，涵养思政课教师教育情怀。潘懋元在湖南大学关于高等教育学的一次讲座中提出，"高等教育必须受一定社会的政治、经济、文化科学所制约，并为一定社会的政治、经济、文化科学服务"[1]。校园文化是高校开展师德师风建设，营造良好教书育人环境的载体。部分高职院校以从静态宣传到动态活动的开展为双线，贯通尊师重教的良好校园氛围。例如，以特定节日为主要节点的教

---

[1] 潘懋元.高等教育学讲座［M］.北京：人民教育出版社，1985：44.

师专栏宣传，特别单列对优秀思政课教师的宣传，通过评选典型教师模范事迹，让更多的教师从典型榜样中感悟优秀教师的教育情怀，发挥榜样育人的示范带头作用；有的学校以师德讲座为主要抓手，通过邀请具有深厚教育情怀的思政课教师、榜样教师开展专题经验分享会，以传帮带的形式鼓励更多的青年思政课教师发挥教育情怀的激励作用，以教育家精神的时代感召去实现个体的教育抱负；还有的学校更多的是在校园的宣传栏、标语、宣传片上下功夫，为全校师生营造良好的学习环境和浓厚的师德氛围，让优秀的教师在尊师重教的氛围中不断发挥育人情怀，让学生从教师的育人故事中感悟育人精神，积极投身专业学习。总的来说，外部环境更多强调的是对思政课教师教育情怀的涵养作用，以外促内，以形式促内在提升。毕竟，环境只是丰富和改善教师教学的外在条件，但对于高校培育教师教育情怀而言也是极其重要的建设工作。

（5）加强高水平思政课教师队伍统筹建设，以教师德育为抓手，丰富思政课教师教育情怀的培育形式。思政课教师队伍建设既要将其看成一个独立的部分开展专门的教师队伍培训和建设，也要放置在全校德育工作的大队伍中统筹安排，体现出局部和整体的工作原则。对于大部分高校而言，思政课教师队伍教育情怀的培育工作总体来说是以学校师资管理部门为主要抓手，以马克思主义学院为直接统筹部门，形式上以集体讲座、社会研修为主体，在形式上大同小异。但是其共性的做法也体现出开展目的建设的一致性，即打造具有教育家精神的教师队伍。这也是教师教育情怀培育明确的实践指向，特别是当前对思政课教师"六要"的要求，必须以教育家精神为引领激发思政课教师的教育情怀，使之在政治立场、教学能力、师生关系、社会服务等方面展现出新时代思政课教师的良好形象，为培育社会主义接班人注入教育情怀。此外，培育思政课教师教育情怀要以德育为先，以师德师风的基本标准为抓手，强调思政课教师的政治站位和使命担当，明确思政课教师既有一般教师的职业要求，也有体现出思政育人要求的更高标准。只有具备深厚教育情怀的思政课教师才能把党的创新理论向学生讲好，才能矢志不渝地将培育时代新人作为职业使命，才能在长期的工作中保持教育初心，不断在思政战线保持热情和激情。这些都是教育情怀的体现，也是教育情怀在内心中对思政课教师成长发展的内在驱动力。

2. 当前高职院校思政课教师教育情怀培育的亮点

当前高职院校和本科院校一样，在思政课教师教育情怀培育上既体现出一般特征，也具有职业院校特色。在思政课教学上，不同类型学校的教师都要钻研教学，服务学生成长的思想需要，为社会主义建设培育合格的接班人，但是在具体的教育过程中，不同类型的学校会根据面对不同类型的学生对思政课教师作出不一样的要求。在教育情怀的培育方面亦是如此，本科和高职院校对思政课教师教育情怀的培育不是简单地将其列入文件制度，而是从如何激发、维系和强化思政课教师教育情怀着手，从能够影响思政课教师教育情怀生成、发展的多要素角度去制定方案和政策，在实践过程中也产生了不同的特色效果。例如，高职院校思政课教师教育情怀的培育就带有鲜明的职业教育特色，这体现在分析和把握职业院校的学生特点，能够根据职业教育学生特点开展教学创新；体现在注重思政课教师与社会企业实践相结合的锻炼机制上，推进思政课教师以思政育人，服务社会发展对高素质人才的需求；还体现在对职业院校思政课教师个体评价的方式优化上等。总之，高职院校思政课教师教育情怀培育的实践特点是由面向的学校特色和学生群体特色的共性决定的，也必然需要回到真实的场域中去思考其展现出来的共性特色。

（1）结合职业教育的特色，打造具有职业教育情怀的思政课教师队伍。职业教育面向的学生和本科教育面向的学生在培养目标上存在一定的差异。部分高职院校学生在学习习惯和知识基础上和本科学生存在较为明显的差异。特别是在思政课教学过程中，思政课教师要摸清学生过去中学学习思政课知识的基本情况，做详尽的学习分析，耐心细致地把握职业教育学生的特点特色。做好这一点需要思政课教师付出更多的时间和精力去备课、授课，提高职业教育学生的抬头率，甚至还要在教学上"绞尽脑汁"地创新，让学生充分了解马克思主义、相信马克思主义，并将马克思主义理论与自身发展结合起来，实现融会贯通的学，这对于职业院校思政课教师的教学创新是一个挑战。没有深厚教育情怀的思政课教师在面对基础相对薄弱、学习能力相对欠缺的职教学子时就会遇到挫折，甚至会消磨职业热情，产生倦怠心理，这些都影响着思政课教师教育情怀的持续发力。因此，部分高职院校加强思政课教师队伍建设，着力提升其面对职业教育学生开展教学科研的能力，锻造思政课教师上好职业思政课的韧性，鼓励思政课教师倾注更多的时间和精力去开展职业教育思政课育人工作，让职业教育学校的思政课教师把握职业教育规律，了解职业教育学生的特点，能够将思政课讲到职业教育学生的心中，能够用专业知识、关怀温度感染学生，这是职业教育思政课教师教育情怀应该要体现出的效果。职业教育思政课教师在备课过程中都会强调学校职业教育的属性特色，关注职业教育学生的心理接受和实践喜好，同时结合社会岗位需求等要素有效地开展教学研究，让职业教育思政课成为学生心中爱听、想听的优质课程。

（2）注重思政课教师的企业实践锻炼，提高思政课教师职业教育的专业能力及职业情怀。教育情怀是爱一行干一行的职业热情，是做一行钻研一行的积极心态。对于职业教育思政课教师而言，上好思政课要从学理高度讲清楚马克思主义理论，让真理走入学生的心中，也绝对不能像书斋里的"先生"一样，只围绕理论进行阐释，不关注现实社会。具有教育情怀的思政课教师不仅需要扎实推进理论研究，还要关注社会，引导学生投身社会主义伟大实践，在实践中绽放青春能量。部分高职院校关注思政课教师社会实践能力的锻造，将其作为培养优秀思政课教师重要能力的关键举措。虽然没有直接从教育情怀的角度指向企业锻炼的能力培育，但也从侧面体现出引导思政课教师关注企业发展、关注社会对职业教育人才需求的趋向。让思政课教师从知识储备到职业能力锻造上提高教育教学能力，这也是增强思政课教师职业自信，增强面对职业教育学生开展思政课教学能力的重要体现，进而激发思政课教师在职业教育上的教育情怀，使之从适应职业教育思政课到成为优秀的职业教育思政课教师的转变。总的来说，从情感维度看，引导思政课教师关注职业教育，是让思政课教师理解职业教育发展需求，关注职业教育学生成长发展，找准思政课教学与职业教育学生的契合点，引导学生发挥职业教育专长，为培育大国工匠注入思政课教师育人的能量，这便是教育情怀在育人上的其中一个体现。

（3）注重教师育人的效果评价导向，在岗位薪资上体现思政课教师优酬待遇。让高职院校思政课教师安心从教，激发其教育热情，维系其教育情怀，必然要从外在的评价制度和薪酬制度上作出倾斜和努力，让职业院校思政课教师更体面地从事思政课育人工作。一是设定思政课岗位绩效。例如在广西，大部分高职院校按照不低于人均2 000元的标准设置岗位津贴，提高思政课教师的岗位待遇，让思政课教师成为优质的岗位，促使其积极工作，不断展现岗位要求的职业形象，发挥能够和岗位收入相匹配的思政课教师育人情怀。还有的学校根据思政课教师岗位特点，制定思政课教师教学科研竞赛奖励机制，主要按照不低于学校标准制定，大幅度提高了思政课教师参与教学科研的热情，不断激发思政课教师的职业热情，转化为个体成长发展的动力。二是在对思政课育人的评价上，建立了多维评价机制，避免教学竞赛和科研成果"一刀切"的单项评价机制，注重学生对教师多维评价的参考，引导广大思政课教师深入学生当中，了解学生，使思政课成为学生终身受益的"金课"，让思政课教师保持良好的师生关系，让有情怀的思政课教师得到学生的尊重，得到学校的认可，成为其他教师学习的榜样。三是在考核评价中单列思政课教师岗位评价，根据思政课的独特性，制定符合思政课教师职业成长的评价体系，有助于思政课教师更好地发挥思政育人的效度，让思政课教师拥有更多元的评价环境，让更多的思政课教师无怨无悔地投身于思政课教学一线，把学生培养好，把党和国家的思政育人政策贯彻好，让"想教""能教""善教"成为思政课教师教书育人的常态，这也是维持思政课教师体面身份和教育情怀的有效手段。

(三) 当前高职院校思政课教师教育情怀培育存在的问题

随着社会发展不断加快，人们接触到的观念越来越多元，在开放包容的社会观念中，也有一些错误、低俗观念深刻影响着教师队伍。意志不够坚定的教师会受到拜金主义、享乐主义、实用主义等社会思潮的影响。马克思曾指出，"人们奋斗争取的一切，都与他们的利益相关"①。经济利益的多元化，也对思政课教师队伍产生了深刻的影响。个别思政课教师在政治站位上不够坚定，工作表现得过且过，没有充分研究学生的学情，只是将思政课简单地理解为知识传授，在教学技术、教学艺术、教学方法上不够创新等，这些都和具有教育情怀的思政课教师开展的教学存在一定的差距。而从思政课教师教育情怀培育的效果来看，则不仅体现在思政课教师自我成长的个体教育和内化方面，也要从主管单位、上级单位等部门的外部管理上找出"真问题"。

1. 学校期待与教师自我内化存在一定的差距

对于高校而言，培育好学生是首要关注的问题，培育好的学生需要好的老师，思政课亦是如此。办好思政课关键在教师，也是这个道理。高校重视思政课教师队伍建设，在强调师德师风的前提下，不断加强对思政课教师整体素养和能力的提升，特别是重视在思想政治层面对思政课教师提出要求，引导思政课教师按照"六要"的要求去提高自我教育情怀，展现新时代思政课教师良好的师德面貌。但是，在现实的实际观察中，部分思政课教师在教育情怀的自我培育上与学校对师德和教育情怀的要求还有一定的现实差距，这种现实差距在极个别教师身上是有迹可循的。例如对待思政课教学的热情难以维系，有"躺平"的倾向；还有极少数老师在政治立场上不够坚定，存在违纪行为，特别是近年来极个别马院院长存在违反师德师风问题被处理的事件时有发生。个别在思想、情感表现上与学校师资队伍建设标准有出入的思政课教师被退出思政课教师队伍，或者转岗到别的行政部门等。这些极个别的问题虽然不影响大多数思政课教师的稳定性，但也是需要注意的现象。还有极个别思政课教师台前台后的育人态度不一致，在教育情怀的表现上存在"舞台效应"，即公开场合表现出极具教育情怀，但私下对学生和对教育工作存在"偏激倾向"。思政课教师情

---

① 马克思恩格斯选集：第四卷［M］.北京：人民出版社，2012：250.

怀是"真情怀"还是"情怀"，这两者之间存在较大的反差，也是对思政课教师教育情怀是否具有持续性和统一性的侧面考察。

2. 精神关注与物质关注之间存在一定的"不平衡"性

思政课教师队伍和其他教师队伍一样，经过长期的教育实践才不断生成维系对教书育人的深厚情感。也就是说，对思政课育人的热爱和付出并不是一开始便有的情感体验，必然是长期育人实践精神的高度统一才有的结果。精神关注主要指向的是教师在精神领域的感受表象，在教师育人过程中，其精神世界得到满足往往是思政课教师自我对职业肯定性的一种指向。如果从事教学育人没有对其精神世界产生正向的积极效应，则会对工作产生懈怠，产生自我否定，甚至潜意识下产生逃离和破坏现有状况的倾向。因此，高校十分注重思政课教师的精神世界，对思想政治领域的关注尤为明显，这也是加强教师队伍政治建设的重要方面。虽然高校为丰富教师的精神世界做出了很多的努力，也从人的精神满足到精神超越方面进行了深入的研究并制定了各项完善的政策和制度，但与精神关注维度相契合的个性化精神需求的满足仍然存在可完善的空间，这里所指向的个体个性精神需求是建立在个体的关爱之上。但也有人提出，学校管理层面对的教师队伍庞大，每个人的需求都存在差异，管理者不好进行个性化满足。但事实上，对教师而言，重在过程的关怀并不一定是所有的个体需要都要满足，应该体现的是学校的人文关怀之下，教师合理合情且在学校能力范围内的大众化个体需求可以集中解决，即这个个性化需求也是其他老师的个性化需求，从个性到共性看，也就是成为集体存在的问题。部分学校在这方面做出了努力尝试，例如定期开展领导干部接待日，针对所有教师正常的个性需求，可以集中反映问题；还有的学校专门安排领导主动对接马院思政课教师，特别是在工会福利、社会保障、个体关怀上都予以关注，显示出领导对思政课教师队伍的重点关怀，这也是思政课教师教育情怀在精神层面上得以关注和满足的表现。此外，在精神满足和物质满足的协调性上，物质的满足可以更加丰富。2024年9月10日，习近平总书记在全国教育大会上强调："提高教师政治地位、社会地位、职业地位，加强教师待遇保障，维护教师职业尊严和合法权益，让教师享有崇高社会声望、成为最受社会尊重的职业之一。"① 部分思政课教师表示，其物质待遇与其他专业课系部之间存在差距，在成果转换、课程酬劳、横向课题上面，大部分思政课教师的收入都属于中等水平，需要在原有基础上，按照低于学校水平，有步骤有条件地持续改善思政课教师的物质待遇，让精神收益和物质收益相平衡，不断激发思政课教师投身思政育人的情怀，增强担当思政人使命的意识。

3. 培育制度建设与活动开展的单一存在矛盾

思政课教师教育情怀的培育不是简单地理解为"口号式"的鼓励教师自我奉献、自我感动，而是将其作为教师队伍建设一项重要的工作来开展，以推动思政课教师队伍良性发展，让有教学情怀的思政课教师不断涌现。因此，高校大力开展制度建设，通过教师队伍建设的制度规划来培育教师教育情怀。从课程的独特性而言，各学校都会让马院牵头出台思政课教师教育家精神培育的相关制度和规范。因此，关于思政课教师教育情怀培育的制度建设就成了马院的主要工作职责，也成了马院教师队伍建设应该关注和着力解决的问题。但随之而来的问题也开始出现，例如，制度建设"如火如荼"，从思政课教师教学到科研，再到社会服务的要求，入驻学校"一站式"服务社区等，每一项工作都在鼓励和支持思政课教师下沉到学生一线、企业一线，在不同的领域锻炼思政课教师的能力本领。但是制度的建设和活动的开展存在一定的矛盾，有些马院的活动产生了"1+N"效应，即一项活动冠于多个名头，以至于服务思政课教师师德师风建设的制度活动变成了服务多个活动，或者一个单一的活动涵盖各种名目，真正服务思政课教师教育情怀的制度活动要么存在单一的缺陷，要么存在"张冠李戴"的嫌疑，这是需要纠正的实践偏颇。

还有的马院在推进思政课教师教育情怀培育活动过程中，形式较为单一，要么是过多强调教师缺少物质保障，仅仅从教师待遇着手提高，而忽

---

① 习近平在全国教育大会上强调紧紧围绕立德树人根本任务 朝着建成教育强国战略目标扎实迈进［N］．人民日报，2024-9-10（1）．

视了教师人文关怀和精神满足的要求；要么就是单纯从政治立场和精神鼓励方面加强对思政课教师职业担当和教育情怀的培育，缺少在教师成长过程中的个性心理辅导和针对性解决思政课教师共性的后顾之忧。这些问题的产生并不是个例，也不是孤案，需要从整体的管理能力和管理智慧上强化管理层的工作。还有的马院在培育思政课教师教育情怀的考量中仍然沿用过去唯论文、唯课题的简单方式。从前面内容可知，对学科专业能力的锻炼，对思政课教学、科研的重视和深耕也是思政课教师对待职业的情怀体现。但是从科研能力的单一维度看，教育情怀显然没有体现出思政课教师的第一要义就是上好课，培养好学生。因此，在考量思政课教师培育的过程中，要注重导向的正确性，要从影响思政课教师教育情怀发挥的政治立场、理想信念、教育科研能力、师生关系、社会服务等角度去综合评价，这样制定的培育政策和评价政策才能真正地考量一位思政课教师的教育情怀体现，也能显现出制度管理和制度推动思政课教师教育情怀培育的科学之处。

4. 学校营造的环境与个体期待的环境之间存在一定的差距

马克思主义认为，事物之间具有普遍的联系。对于思政课教师而言，良好的教育环境可以激发其教育情怀的生成和发展，是个体干事创业的客观条件。尊师重教的育人环境可以从内心影响教师的教学情绪，能够激发教师发挥更大的能量开展育人工作，这点是毋庸置疑的。大部分高校都十分注重学校育人的文化建设，既开展了有利于学生成长的良好校园环境建设，也关注到教师职业所需要的隐性育人环境。例如，有的学校开展的尊师重教活动，让教师开展育人工作倍感幸福，使之不断投身于教育工作，乐此不疲；还有的学校通过改善教师教学环境，开展增进教师教学幸福的物质基础工作，让教师感受到育人工作的重要性和过程的被尊重性，进而激发教师的教育情怀。

对于思政课教师而言亦是如此。通过访谈部分思政课教师发现，个别老师在谈及自己从事教学工作的瓶颈时提到了其教学热情、研究热情和服务热情时有波动，还产生了内卷后遗症，即躺平过程中"躺不平"的纠结心态，这直接影响了思政课教师对待师生教学的激情和可持续动力教学情怀的产生。通过进一步深入了解，学校环境的变化是原因之一。部分思政课教师反映，学校的教学生态环境会影响教师的教育热情，而教育热情又是上升为教育情怀重要的心理基础。例如，学校对学生的学习环境较为注重，但教师参与教学的评价环境、监督环境不够友好，过于强调学生的主体性，而忽略了对教师主体性的关照；在教学过程中，过度监控教师，在教学评价上设置过度干预教学行为的检测指标，教师疲于应付，从而产生教学倦怠，这是一个从管理环境上看得出的因果联系。在调研部分民办高校思政课教师过程中，有老师也反映，民办学校相对于公办学校而言，虽然在教学硬件上提升了教师育人的工作环境，但是民办高校教师流动性大，中青年骨干晋升及发展的后期隐忧较多，教师队伍结构不合理、不稳定，对于思政课教师而言，存在职业忧虑，不利于自己安心从事教学，难以全身心投入工作，加之身边教师流动过大，给其职业前景产生心理波动，间接影响其教育情怀的持续生成，或者说难以成长为"具有深厚教育情怀"的人。正如学者高清海指出："人是在一个漫长的发展过程中从动物分化出来、逐渐形成人的。人在形成人以后，这个过程仍在继续，从未终结。人总是在不断地否定自己、更新自己。"[①] 而教育情怀正是人在不断适应发展中对自我精神的超越。由于教育情怀是难以用数值来表示的心理状态，思政课教师的要求是情怀要深，这里的深用横向和纵向来对比。横向则是和周边优秀思政课教师的教育情怀来对比；纵向则是和自己过去相比，对比自己是否积极主动地参与教学改革，是否积极主动地关爱学生，是否积极主动地投身思政育人活动等。再回到前面提到的部分学校的环境建设与教师个体期待的不一致性为何会影响教师的教育情怀。这里首先要考量的是环境建设的范围，既有客观的教学环境，也有管理的软性环境，两者结合产生大环境概念。而思政课教师更多指向的环境则属于后者，例如：学校对思政课教师的考核环境是否民主；学校人文环境氛围是否让思

---

① 高清海.传统哲学到现代哲学［M］.长春：吉林人民出版社，1997：12.

政课教师产生心情愉悦的工作状态；学生的学习态度等都可以成为软性环境。虽然思政课教师教育情怀更多的是依赖教师本身崇高的教学使命感去驱动实现自我职业价值，展现师德师风。但随着师生和谐关系的构建，也要从教师端去思考教师自我本身的心理疏解和自我成就，毕竟一味地要求教师自我奉献而毫无学校支持，显然这样的教育情怀会有，但可持续多久是值得思考的问题。特别是"95后"开始进入思政课教师队伍，其教学心态和过去的教师肯定会有差异，也会打上时代的心理烙印，如果还是按照过去的教师队伍建设模式去管理和要求教师，显然没有抓住新生代教师群体的心理特点。总的来说，部分年轻思政课教师有活力、有冲劲，既有对优秀教师的敬重，也有想成为一名具有深厚教育情怀的教师的愿景。因此，年轻思政课教师敢于直面现实教育环境中的问题，更有对自我职业发展的情绪变化回应的现实引导、调节需要，当这些问题交织在一起的时候，教育情怀就呈现出相对复杂的心理状态，仅靠教师自我情怀的单方面付出不足以改变教师教育情怀存在的"游离"状态。所以，从思政课教师个体从事教学的心理环境建设、校园软性文化建设去思考教育情怀值得关注。

（四）当前高职院校思政课教师教育情怀培育优化的路径

思政课教师是开展大学生思想政治教育的主要群体。增强思政课教师的教育情怀，可从内在和外两个维度优化思政课教师教育情怀的培育路径。例如，通过加大教师培养培训力度、提升教师主体自觉性、完善教师激励机制、优化教师评价体系等建设教育家型思政课教师队伍，使思政课教师的教育情怀内化于心、外化于行。

1. 加强教师培养培训，以教育家精神引领思政课教师队伍建设

功以才成，业由才广。习近平总书记指出："一个民族源源不断涌现出一批又一批好老师则是民族的希望。"[①] 好老师既是教育家精神的构成主体，又是教育家精神的重要弘扬者。加强教师培养培训是推进教师队伍建

---

① 习近平. 做党和人民满意的好老师：同北京师范大学师生代表座谈时的讲话[M]. 北京：人民出版社，2014：4.

设的重要环节和主要途径，可以有效增强育师效果，推动卓越教师的培养和供给，使得教育家精神在优秀教师队伍中发展壮大、代代相传。

加强思政课教师队伍培训，以教育家精神筑牢思政课教师理想信念之基石。新时代对思政课教师素质能力的要求越来越高，单靠思政课自我教育和自我感悟式发展难以快速提升其综合能力，需要从外部培训强化其能力的养成，特别是对思政课教师理想信念的教育是激发思政课教师教育情怀重要的手段。

一是构建符合思政课教师队伍基本属性的教师培训体系，这是思政课教师队伍建设的动力保障。由于部分思政课教师并不是毕业于师范类院校，缺乏师范教学技能的锻炼，需要通过职后锻炼来弥补前期这一块技能的缺失。因此，根据实际情况制定本校思政课教师师范技能培训班不失为一个好的办法。

二是继续以教育家精神为引领完善思政课教师教育情况培育的内容。教育家精神包括的科学内涵既是优秀教师集体人格的精神彰显，更是教师成长成才的关键要素。教育家精神的养成以教育情怀的生成为基础，没有教育情怀的教师不会产生教育家精神这一稳定的精神样态。因此，要以教育家精神为统领，将教育家精神的内容与教育情怀培育的内容有效结合，形成"大教育"精神的培育，将教育家精神的内容纳入思政课教师各级各类培训课程中，通过创新思政课教师培训课程、更新培训内容、打造教育家精神系列主题实践活动等，不断推动思政课教师教育情怀培训精准开展，并推动教师道德素质、教学水平、胸襟格局、教学创新能力等的整体提升，进而引导教师在思政课育人实践中始终表现出对党的无比忠诚、对国家的深厚情感和对教育事业的奉献追求，以思政课教师的育人智慧、爱生如子的关爱之情奉献教育事业，以榜样行为引领青年学生的价值判断和选择，为强国建设培育所需人才。

三是注重思政课教育数字化教学技能的培训。当前大学生对信息化网络发展较为敏感，出生于信息化时代的背景下，他们在学习习惯和学习方式上都离不开互联网。思政课教师的课堂不能仅是平面知识的呈现，还要结合当前信息化技术发展的新趋势，有针对性地改变知识传递的方式，以形式的创新变化吸引学生，增强师生互动的新颖性，提高教学的抬头率。教育家精神提到"勤学笃行、求是创新"，教育情怀也提出要"勤学传道"，从共性看便是要求思政课教师跟随时代变化不断创新创造，特别是对教学内容的创新、对教学形式的创新、对教学手段方法的创新等。唯有增强思政课教师的创新创造意识和能力，才能不断夯实思政课教师的专业基础，持续性地保持教学专业度，在增强教师业务技能的同时推动教师数字素养的提升。总体而言，通过加强教师信息化技能培养培训，充分发挥教师教育工作的创新作用，实现教师必备素养与教育家精神内涵的高度契合，从而达成教育家精神引领下思政课教师教育情怀的基本要求。

2. 以内生动力提升教师教育情怀生成的主体自觉性

思政课教师教育情怀的培育最重要的是教师本体自我的躬身实践。基于教育情怀生成的一般规律，思政课教师教育情怀的生成并不是职业本身自带的"光环"，而是教师在长期的教育实践活动中凝聚而成的优秀的职业品质和精神力量，展现出优秀思政课教师对待教育的情感特质，也是思政课教师主体作用的体现，表现为教师自我主体的职业情感的升华与职业理想的目标达成，是两者融合形成的综合性情感。这种情感以外在激励和感召为基础，以内在生成为本源，是激励思政课教师不断开拓进取、增强教育使命感的情感动力源。

提升教师主体自觉性，要为思政课教师教育情怀的自我生成提供生发保障。思政课教师是学校思政课教学及大学生思想政治教育的主要参与者。只有创造条件让思政课教师主动将培育社会主义合格建设者的教育使命融入思政课教学的理论与实践中，才能真正让思政课教师的教育情怀在教育家精神的引领作用下产出源源不断的教育情感，最终呈现出乐教、善教的教育效果。

教师要从培育什么样的人、为谁培育人、如何培育人的三维指向上认识到教育情怀对思政课教师自身专业发展的驱动和为建设强国复兴培育时代人才的重要意义。从教师本体的主观认识上向优秀的思政课教师代表及教育领域的教育家榜样看齐，在具体的教学中不断增强教育情怀本身应该具备的业务能力、仁爱情感和积极进取的教育理想，以具象化的实践展现新时代高校思政课教师的教育情怀。站稳讲台，讲好思政课是思政课教师教育情怀具象体现的首要标志。在课堂教学中，思政课教师应用心、用情备课，展现出课堂教学的情感生命，而不是仅限于知识传播的固化表征。此外，要具有不断创新、乐于创新的教学态度，积极改进教学方法，以生动鲜活的教学方式激发学生的探究学习兴趣，实现师生共生的教学课堂，打造有温度、有深度、有高度的思政课教学，让思政课讲出的道理是鲜活的，有人文情感的话语范式。

教师是鲜活的职业，不仅传授书本知识，还要从人的培育的全面性出发，成为塑造学生品格、品行、品位的"大先生"。在育人实践中，教师应关注学生的实际需求，及时发现学生的优点，真正做到因材施教，为学生健康全面成长提供正向的指引。教育对象的特殊性及教育情境决定着教师从事的是极具创造性的长期性工作，实现自我提升是胜任教师角色的重要法宝。在个人发展中，教师应主动参与各类教师培训活动，自觉学习党和国家的教育方针政策，不断丰富自我，增强教书育人的使命感和责任感。思政课教师通过个体内生性发展，将教育家精神内化为自身高尚品格的养成目标，可以在身体力行的教育实践中强化对教育家精神的实践养成，助力教育家精神在自我层面的思想升华，在思想自觉和行动自觉中弘扬教育家精神，激发教育情怀生成。

3. 健全教师激励机制，增强思政课教师乐教的条件保障

思政课教师教育情怀和其他课程教师一样，在具有课程属性特色的情况下也兼具共性要素。对思政课教师教育情怀的培育要从健全教师激励机制的角度不断激发教师本身的情怀。习近平总书记指出："随着办学条件不断改善，教育投入要更多向教师倾斜，不断提高教师待遇，让广大教师安心从教、热心从教。"[①]国家对思政课教师群体高度重视，从教师岗位设

---

① 习近平在全国教育大会上强调坚持中国特色社会主义教育发展道路 培养德智体美劳全面发展的社会主义建设者和接班人［N］. 人民日报，2018-09-11（1）.

置到福利待遇的提升，都反映出了当前思政课教师队伍处于干事创业的最好时机，也是当前优秀思政课教师涌现的外在因素之一。为了更好地激发并保持思政课教师教育情怀，可以从完善教师激励机制的角度去优化。

一是完善教师待遇保障。完善教师待遇保障是激发教师内在驱动力量的关键，既能够保障教师从事教育工作的积极性和主动性，又能够使在教育岗位上作出突出成就的教师获得应有的表彰和回馈，从而激励广大教师保持教育家情怀，并产生持续动力支撑，让有情怀的教师享有相应的鼓励和支持。党的十八大以来，无数思政课教师默默奋战在思政一线，为宣传党的创新理论、培育时代新人贡献了智慧和能量，也为党的教育事业构筑起社会主义意识形态教育的安全防线，让青年学生听党话、跟党走，始终牢记领袖嘱托，为建设社会主义现代化强国贡献力量。如果不能更好保障思政课教师的基本权益，让优秀思政课教师获得更多鼓励，在一定程度上就会消减思政课教师持续乐观从教的积极性，难以保障教师教育情怀持续不断地稳定生成，也难以影响和鼓励更多的年轻教师成为具有教育情怀的教育家。

1978年4月22日，邓小平在全国教育工作会议开幕式上的讲话中指出："对于优秀的教育工作者，应该大张旗鼓地予以表扬和奖励。"[1] 和教师谈物质，并不是简单地将物质和教育情怀画上等号，也不能直接说明，没有物质的鼓励，思政课教师就会丧失教育情怀，失去教育动力。事实上，优秀的思政课教师之所以优秀，在于思想层面的境界已经脱离了简单用物质来衡量教育行为，优秀教师更多的是用教育精神鼓励自己不断奉献教育事业。但是从整体的发展来看，思政课教师群体需要物质的保障和精神的鼓励。因此，一定要保证教师在岗位上有幸福感。虽然不同教师对职业幸福感的标准不同，但落实好待遇保障是提高教师地位、肯定教师能力的直接途径，能够让广大教师舒心从教。要确保思政课教师平均工资不低于全校平均工资水平，稳步提升思政课教师在全校绩效考核、职称编制、

---

[1] 邓小平文选：第二卷[M]. 北京，人民出版社：1994：109.

进修培训等方面的待遇，在全校统筹教师责任清单，对思政课教师进行非重要任务减负清单，让思政课教师能够安心从教，减轻非教学任务的负担，让思政课教师全身心投入思政课教学，站在大学生思想政治教育工作最前线，发挥思政课教师的专业效能。

二是要满足思政课教师的职业成就感，让思政课教师成为受尊重、有获得感的职业。要实现这一目的，必须从人的心理发展的需要出发去调节和刺激人的干事创业欲望。具体而言，可以从以下几个方面着力保障。首先，要构建教师荣誉表彰体系和选树教师队伍的先进典型，规范荣誉类别和层次、入选标准、评选程序、表彰仪式等，让在思政课教学一线倾注教育热情、展现教育情怀的思政课教师能在教师队伍发展及表彰中获得实实在在的奖励，增强其荣誉感与成就感，从而更加有从教底气、有育人自信、有更强的教育动力。"要在全党全社会大力弘扬尊师重教的社会风尚，推动形成优秀人才竞相从教、广大教师尽展其才、好老师不断涌现的良好局面。"[1]其次，要全方位利用学校宣传阵地开展"我心目中的好老师""十佳优秀教师"等宣传，重点关注思政课教师队伍涌现出的好老师，传播思政课教师倾注教育情怀的育人故事，让优秀思政课教师能够获得更多的关注和赞美；同时也要发挥榜样引领效应，让更多年轻教师学习优秀教师，想成为优秀教师，并推动全校形成崇师重教、见贤思齐的良好氛围，为弘扬教育家精神、打造新时代思政课教师队伍积蓄能量。

4. 健全教师评价机制，让有情怀的思政课教师能够脱颖而出

思政课教师在教学一线开展教书育人工作，和其他课程教师一样，其面对的是独立的学生个体，如何有效地评价教师的育人付出是教师评价的难点。当前，对思政课教师的职称评价或者日常考核评价主要集中在教学科研上，如思政课教师参与教学类比赛获奖多少项，主持课题多少项，发表高水平科研论文多少篇等。这些量化指标虽然很好地将思政课教师按照量区分开来，但是却很少有政策制定者关注从学生个体的成长角度去评价

---

[1] 习近平在看望参加政协会议的医药卫生界教育界委员时强调把保障人民健康放在优先发展的战略位置 着力构建优质均衡的基本公共教育服务体系［N］. 人民日报，2021-03-07（1）.

思政课教师发挥的作用，也没有把学生及其他方面的评价作为主流参考，以至于部分教学出色、深受学生喜爱的思政课教师因为科研和比赛获得的业绩较少而难以获得相对应的福利待遇，这对于思政课教师教学情怀的生成和维系产生反作用力。因此，为了培育思政课教师的教育情怀，要从制度建设上根据思政课教师教育的特殊性和专业育人的可衡量性开展相关评价制度的搭建。

首先，要从绩效考核中强化对思政课课程效果的定性和定量评价，根据育人的效果来制定符合教育规律的评价体系，让思政课教师能够在教学一线中展现教育情怀，实现对学生的真心付出，避免产生轻教学过程、重成果产出的导向。其次，要根据教育情怀的四个维度制定思政课教师进退机制和表彰机制，对缺乏教育情怀的思政课教师实行转岗和退出机制。特别是随着国家对思政课教师的重视程度越来越高，对思政课教师扩招越来越多，数量与质量存在一定的差距，极小部分教师进入思政课教师队伍动机不纯，对待思政课教学没有热情，仅表现为一种职业的需求，而没有将其当作事业来对待，以至于在职业发展中，缺少教育情怀，对待育人工作不积极，产生消极怠工的现象，这对于思政课教师群体的职业形象产生负面影响。所以，通过制定科学有效的退出机制能有效维护思政课教师教育形象，净化教师队伍环境。最后，在遴选优秀思政课教师代表过程中，要克服传统的评价形式，破除单一的"唯论文、唯课题"的导向，注重思政课教师教育情怀的具象表现。例如：在个人职业发展中的育人担当情怀；思政课教学改革中的奋斗情感；在开展育人过程中建立的深厚的师生情感；在推动整个思政专业或学科建设中作出的努力和贡献等。唯有从多个维度综合评价，才能选出具有真情实感的思政课教师优秀代表，才能正确地评价思政课教师教育情怀的具象表达，才能展现出思政课教师在育人上的独特使命。

总的来说，培育思政课教师教育情怀不是短期的制度建设和培育活动开展就能形成良好的效果，必须是基于思政课教师教育情怀构成要素的综合实践。在这一过程中，既要看到思政课教师成长中自我奋斗和努力的结果，也要看到外部环境对思政课教师教育情怀成分、维系的客观作用，更要看到教育管理者对思政课教师工作评价的导向性。只有通过系统观念去分析，才能有效地培育思政课教师的教育情怀，让有教育情怀的思政课教师不断涌现，成为培养有理想、敢担当、能吃苦、肯奋斗的时代新人的主要力量。让思政课教师的教育情怀感染学生，不断增强大学生与思政课教师双向奔赴的情感共鸣，引导他们将个人理想与社会理想相结合，培养将民族命运"系于己身"的国家大局观，最终诠释思政课教师为党育人的教育情怀。

第六章

新时代高职院校思政课教师队伍高质量发展的路径优化

思政课教师队伍综合素养决定思政课育人效果的好坏，而思政课教师自身的思想素质、理论水平和教学艺术也直接影响着思政课的感召力和认同度。所以，提高思政课教师的综合素质，加强思政课教师队伍建设是增强思政课课堂效果的必要前提。而思政课教师队伍的建设应该落实在与思政课相关的各个方面和各个环节，应该从社会、国家、学校和教师个人等方面着手，加强思政课教师队伍建设、体制机制建设、组织机构建设和教师个人能力提升以及外部环境优化等方面，形成一个齐抓共管、相互促进的整体机制。课题组基于高职院校思政课教师队伍建设面临的困境分析，尝试以多维共育的整体性思维和精准施策的原则去提出提高高职院校思政课教师队伍建设质量的具体对策。

一、加强顶层设计，优化学校思政课教师队伍的制度建设

"强教必先强师，强师必强思政，全面深化新时代高职院校思政课队伍建设，是中国特色社会主义进入新时代的必然要求。"[①] 思政课教师队伍建设是一项长期、综合性的工作。前文分析目前思政课教师队伍建设过程中面临发展困境，其中队伍建设的制度问题值得重点关注。在对策建议中，也应该重点围绕制度建设存在的问题相应地提出解决的路径。

（一）优化思政课教师队伍的进出机制

党的十八大以来，以习近平同志为核心的党中央高度重视思政课教师队伍建设，特别是对思政课教师队伍的数量和质量提出了新要求。目前，课题组成员重点围绕思政课教师队伍的数量问题进行了调研。绝大部分学校都按照1∶350的配比进行了动态调整，不断优化思政课教师队伍的结构，导致思政课教师队伍数量在近三年时间内急剧增多，随之也产生了一些新的问题。一是如此庞大的思政课教师队伍数量如何管理的问题，特别是在设定思政课教师队伍进出过程中的条件设置和人员匹配是否达到了最优化，还是简单地对政策进行理解，单纯从完成"任务指标"的形式上对

---

① 中共中央国务院关于全面深化新时代教师队伍建设改革的意见［N］.人民日报，2018-02-01（1）.

思政课教师进行了数量上的补充，这就为后面退出机制的出台奠定了逻辑。二是部分马院管理层在思考的问题。诸如：随着学校生源的减少，富余的思政课教师要不要退出，谁来主导退出，退出的机制如何搭建，标准如何建设等。这些问题都关乎着思政课教师队伍的稳定性和可持续发展问题。对于部分双一流学校，它们采用的是"非升即走"，或者是"转岗低聘"，这些政策无一例外都涉及了思政课教师退出问题。为了后续思政课教师队伍的稳定发展，对进出机制进行优化和调整就显得很有必要。

首先，加强对思政课教师准入机制的探索。思政课的主要任务是按照党中央和国家的要求培育中国特色社会主义现代化发展的时代新人。不管是本科院校还是高职院校，在思政育人要求及目标上是一致的，但是在具体的培育路径和方法上会有不同的路径。对于高职院校而言，如何有效地开展育人考验着思政课教师的能力，这也为评价思政课教师能力，为进入学校从事思政课育人工作提出了要求。对于本科院校而言，在教学的基础上，更强调对科研的关注，所以本科院校在思政课教师准入当中会强调论文、科研能力。但是面对高职院校思政课教师而言，如果单纯以科研作为衡量其准入的条件，很显然没有从高职院校的特殊性出发去研究相对合理的政策和制度。所以，高职院校在思政课教师队伍进人的过程中更应该结合学校特色去考核。一是在基本科研达标的情况下，更关注教师的教学能力，以能上好思政课为重要的考量标准。二是更关注教师本身对学生的关注和研究能力。这种能力不单纯从学术的角度去研究学生对思政课的接受、喜爱，更应该从生活、学生特色、学生思维的角度去钻研如何让学生乐于上思政课，享受思政课带来的获得感等，事实上也是为了第一个要求而服务。三是考察教师的教学心态和教学的可持续性。思政课教师是一项使命光荣的任务，肩负的重任要求思政课教师必须有良好的、积极的乐教心态去适应高职院校学生的特点特色和职业教师思政课的教学特点。这就意味着更应该关注教师在长期教学的适应中是否有创新的意识，突破的能力，去激发为思政课作出贡献的可持续性能力。每个学校在制定思政课教师队伍准入政策的过程中肯定会根据地区、学校的特殊性进行调整，这也就意味着不可能有千篇一律、通用的万能"公式"进行套用，但是基本上在准入的过程中可以把握以下几个评价点。其一基本教学能力的评价，这是教师站稳讲台的基本要求。其二，教师可持续发展的综合能力，这是教师创新能力的"发动机"。其三，教师集体观念、奉献精神的体现，这是思政课教师乐教担当的体现。

其次，健全思政课教师的退出机制。思政课教师的退出是相对准入而言的。前面已经提到了因为思政课教师数量有可能超过之前设定的合理比例，需要退出部分思政课教师，或者是有些思政课教师确实不符合马院的实际要求，需要学校整体协调人力资源的有效分配。目前绝大部分高职院校的退出机制都归类为学校人事管理的大方向来处理，并没有针对马院的思政课教师单独实行一个完整的退出机制，但是部分高职院校已经意识到了这个问题存在的必要性。一是根据适用的原则，对部分"不适合"的教师进行退出。这里所提到的"不适合"包含了在政治立场、师德师风上存在问题的不合格思政课教师，特别是在当前师德要求极高的政策背景下，政治问题及道德问题有瑕疵的教师显然不适合继续留在教师队伍；此外，"不适合"还体现在对职业院校思政课教学及其他核心竞争力上存在短板的教师，相当于实行了末位淘汰制，但这个淘汰制度必须经过科学的制度才有适应性和有效性。二是设定观察期。对于部分高职院校而言，对于没有政治问题和师德问题，也没有触发其他"红线"问题的教师，在退出过程中可能更多考虑的是工作态度、工作能力、工作可持续性等。学校在人事编制等方面存在弹性空间，可以留足末位教师的观察期，给予其调整时间，进一步观察是不是适合从事思政课教学。对于有强烈意愿，且服从安排，能够及时调整心态，继续胜任且有后续提升空间的教师可以继续任教，这无疑是对他们人文关怀的一种体现。

（二）优化思政课教师队伍的考核机制

优化思政课教师队伍的考核机制，是一个既必要又紧迫的任务，它对于提升思政课的教学质量、加强思政教育的实效性以及培养具备高度社会责任感及爱国情怀的新时代青年具有重大意义。从正向发展的效果看，思政课教师的考核机制是对思政课教师的客观有效的鞭策，其实从结果看是为了实现思政课教师群体的良性竞争，促进思政课教师整体能力的提升。但是，制度的建设是一项长期发展且容易受到政策和实际情况影响的工作，必须因时因势地调整。在调研过程中，有些高职院校思政课教师的考核是基于基本绩效，有些是基于业绩成果。不管如何，这些都不影响考核制度发挥的实际作用。但是从对部分教师的访谈中也了解到，目前部分高职院校思政课教师队伍考核的内容和形式有需要优化调整的空间，也需要进一步增强考核评价的科学性。

第一，明确考核目标与标准是优化考核机制的重要基础。对于领导管理而言，考核是为了对每一位教师具体能力和具体岗位适应度进行"检阅"，能够快速地筛选出优秀的教师，并形成激励效应，不断促进教师群体内部的有效竞争。对于思政课教师而言，其压力来源于自我业绩的年度对比和内部群体之间的横向对比，因此，他们更侧重于看待考核要素的指标科学性和适应性。所以，考核指标应当清晰、具体，能够全面反映思政课教师的专业素养、教学能力和思政教育水平，不能单一地只围绕简单的课题、论文等量化数值来考核。此外，考核标准应当具备可操作性和可衡量性，以便能够公正、客观地评价教师的教学表现。为此，马院可以结合教师发展特点和马院中长期规划的重点任务来制定详细的考核指标体系。例如：围绕教师教学能力的指标应该包括教学内容的准确性、教学方法的创新性、课堂氛围的营造以及学生思政教育成果的体现等方面；围绕教师科技创新能力应该指向服务职业教育改革、服务思政课教学改革、服务地方社会发展需要等。

第二，多元考核内容与方法有助于全面、深入地了解思政课教师的教学能力和水平。考核内容不仅应关注教师的专业知识，还应注重其教学能力、思政教育创新能力以及师德师风等方面的评价。例如，在对教师教学能力的考核上，可以采用课堂观摩、学生评价、同行评议、教学成果展示等多种形式相结合的方式，以获取更为全面、客观的评价信息，而不是采用单一的教学获奖级别和数量去衡量一位教师的教学能力。虽然后者在一定程度上为马院教学业绩增加了数量优势和质量优势，但是也否定了部分没有机会参加教学比赛教师在教学上的创新能力。

第三，注重过程评价与结果评价相结合是优化思政课教师队伍考核机制的关键环节。教学的过程评价能够关注到教师在课前准备、课堂教学、课后辅导等各个环节的表现，及时发现问题并给予指导；而结果评价则能够全面反映教师的教学效果和学生的学习成果，为教师的职称晋升、岗位调整等提供有力依据。通过将两者相结合，我们可以更加全面地评价思政课教师的教学质量。这些评价对于具体的操作要求很高，且需要精细化的衡量，这也从侧面反映出上面提到的，有些学校在考核过程中喜好用既定的教学比赛或者科研获奖来代替这些细节考核，这确实也说明了细节考核会受到主观因素的制约，导致评价结果存在"争议"。但是，不管难度如何，也应该在局部试点，打破"一刀切"或者唯奖项的评价体系和评价过程，在思政课教师考核上作出创造性的改革。

第四，建立岗位激励与约束机制。制定岗位激励机制对于提升思政课教师的育人积极性具有重要意义。对于考核优秀的教师，要给予表彰和奖励，以激励他们继续保持优秀的教学水平；对于考核不合格的教师，则应进行培训和指导，帮助他们提升教学质量或者促进他们自我提升，为下一次考核积蓄能量。同时，我们还可以建立相应的约束机制，对长期无法提升教学水平的教师进行岗位调整或采取其他措施，以确保教师队伍的整体素质。

第五，加强考核结果的反馈与应用是优化思政课教师队伍考核机制的重要保障。通过及时向教师反馈考核结果，可以有效帮助教师明确自己的优点和不足，制定改进方案。同时，还可以将考核结果作为教师职称晋升、岗位调整、评奖评优等的重要依据，使考核成为推动教师不断发展的重要动力。

综上所述，通过明确考核目标与标准、多元化考核内容与方法、注重过程评价与结果评价相结合、建立激励与约束机制以及加强考核结果的反馈与应用等措施，可以从客观性和主观性上进一步优化思政课教师队伍的考核机制，为思政课教师在可持续的工作状态下提升思政课的教学质量和育人实效，培养具备高度社会责任感与爱国情怀的新时代青年奠定坚实基础。

（三）完善思政课教师队伍高层次人才的环境、机制和平台

马院在开展人才队伍建设的过程中必然要重点关注人才引进，特别是对高层次人才的引进。目前马院之间的良性竞争关键还是看储备的人才的多少，看高层次人才在马院建设中发挥的作用，这样的竞争在本科院校马院尤为凸显。对于高职院校马院而言，因为各种历史缘由和现实困境，在吸引高层次人才方面还存在短板和弱势。为了更好地实现筑巢引凤的效果，提高对高层次人才的吸引力，不断夯实人才基础，可以从如下三个方面进行优化。

第一，完善人才落户的环境。在大自然的生态环境中，我们经常看到树叶繁茂、自然生态良好的地区，其物种发展都会呈现欣欣向荣的状态，反之则物种凋敝。在高校人才环境的营造中，也应该遵循这样的基本规律。对于高层次人才而言，因为本身具备较高的职业技能或者学历，在就业竞争中会占有一定的优势，成为各大高校青睐的优质人才，因而其会综合考虑很多要素，如物质待遇、就业城市的定位、学校人才的生态环境、职业发展的前景等。总的来说，不管是从物质环境还是从精神环境而言，人才落户必然有其青睐的地方。作为马院亦是如此，要营造识才爱才用才的环境，用好人才、发挥人才引领的潜力。一是要有公平竞争的就业环境。对于教师而言，他们更关注马院的发展生态，其中是否具有公平竞争的就业环境，这点其实也是较为容易满足高层次人才的需要，只需要在就业安排和工作安排上做到依法治校、依规治校，做到用制度管人用人，一般情况下就会得到高层次人才的认可。二是要有人文关怀的工作环境。人是自由而全面发展的个体，在个体发展过程中有寻求精神契合的现实需要。而人文关怀则是给予高层次人才内心温暖，感受集体关爱的来源。例如，对高层次人才中的女性教师要多关注，特别是女性在生育和工作中承受的压力较大，可以通过政策和制度向女性倾斜；对于有家庭压力的人

才，也可以通过心理疏导、家庭帮助等具体的方式进行关怀。总之，每个学校人文关怀的路径会有所区别，但是人文关怀的目的是一样的，都是为了让高层次人才安心工作。三是要有相互成就的激励环境。高层次人才的发展不是简单地作为增加教师队伍里面高职称、高学历的人数，也不是"装点门面"的需要，而是真真切切地让高层次人才在马院发挥高水平的教学科研引领力，发挥高素质人才的榜样示范作用。人才成长和环境密不可分，高层次人才的能力激发也需要相应的激励环境加持。个别高层次人才在入职高职院校马院后感受到了"失落感"，可能是由于环境相对平和，缺少同层次人才的相关鼓励和激励，容易在职业发展中不断向下兼容和自我要求。例如，当周围的同事都觉得发一篇普通刊物就算成功，那发中文核心期刊就是"大可不必"，但是高层次人才本身具备发表高水平期刊的能力，由于长期在要求相对比较低的环境中成长，自然而然也会弱化对自我的要求，久而久之就会降低要求，或者呈现出对现状的"屈服"，进而产生一种"躺平"的心态，这极其不利于高层次人才发挥能量。

第二，优化人才引进的体制机制。优化高校人才引进的体制机制是一项重要且复杂的任务，它涉及多个方面，包括选拔机制、激励机制、培养机制以及服务机制等。根据前面提到的高职院校在引进人才中存在的体制机制问题，可以从如下几个方面进行优化和完善。一是完善人才引进的选拔机制。要确立明确的引进标准，注重人才的教学潜力、科研能力、学术成果以及其他诸如服务社会、开展独立研究的潜力等多方面因素。在选拔的过程中不能只从历史的维度看过去取得的业绩，也要采用多元化的选拔方式，如面试、试讲、学术评审等，确保全面、准确地评估人才的能力和水平。二是建立公开、公平、公正的选拔程序，避免出现不公平现象，提高引进人才的满意度和归属感。三是强化激励机制。提供具有竞争力的薪资待遇和福利待遇，吸引更多优秀人才；设立人才引进专项基金，用于支持引进人才的科研、教学等工作；实行绩效考核制度，对表现优秀的人才给予奖励和晋升机会。四是加强培养机制。制定详细的培养计划，为引进人才提供必要的培训和发展机会；建立导师制度，让引进人才在经验丰富的教师指导下快速成长；加强与国内高校、科研机构的合作与交流，为引进人才提供更多的学术资源和合作机会；提升服务机制，提供良好的工作环境和设施，确保引进人才能够顺利开展工作；建立完善的服务体系，为引进人才提供生活、工作等方面的便利和帮助；加强与引进人才的沟通与交流，及时了解他们的需求和困难，并积极采取措施加以解决。此外，在对高层次人才的引进和管理中还需要注意以下几点：要坚持人才引进与本校发展战略相结合，确保引进的人才能够与学校的整体发展相契合；注重人才引进与现有教师的融合与协作，形成良好的学术氛围和团队精神；要定期对人才引进工作进行总结和评估，及时发现问题并进行改进。综上所述，优化高校人才引进的体制机制需要从多个方面入手，不断完善选拔、激励、培养和服务机制，为高校的发展提供有力的人才保障。

第三，搭建适合人才发展的平台。高职院校马院对高层次人才的需求越来越多，但是在引进的过程中也有部分求职者担心高职院校马院的平台难以支撑其高水平科研的发展需要。在当前环境下，高职院校马院还是以教学为主，科研的产出较少。对学术要求较高的马克思主义理论专业研究生，显然高职院校马院很难契合他的学术需要。其原因在于：一是绝大部分高职院校没有马克思主义理论专业的硕博点，这意味着在学生培养上找不到专业贯通的培养平台。二是申报高水平人文社科项目缺少平台支撑、学科支撑、高层次团队成员支撑，难以实现科研追求。三是教学和科研的视野难以拓展。优质的马院会有更多的机会接触马克思主义理论专业的学术前辈，在视野上更有机会提升自我，这些在高职院校马院几乎难以实现。但是随着高职院校马院特色化的发展，部分高职院校也在不断加强平台建设，努力为高层次人才搭建优质合作平台。例如：发挥职业教育优势，拓宽马院教师参与横向课题的机会；与省内部分高水平马院合作，搭建合作型教科研平台，让高水平的博士教授有机会与合作的马院联合培养学生，联合开展高水平课题申报，一定程度上缓解了高层次人才对于平台资源的需要。还有的马院在实践类型的育人平台上发力，为高层次人才对接实践教学、产教融合、国际交流合作等创造积极的平台机遇，对于有

"赛道差异需求"的思政课高层次人才而言，这显然是区别于本科院校很重要的特色。总之，高职院校马院引进高层次人才只会越来越多，如何破解平台差异的现实矛盾，只能在现有的基础环境中去改变，这种改变必须针对学校的特色和人才的需求去衡量。

二、加强校企合作，结合高职院校特色促进思政课教师队伍建设

高职院校思政课教学与研究不是单纯地从文本到文本的书斋式研究，也不是用理论解释理论的抽象解读，需要结合职业教育发展特点，结合学生职业发展的未来诉求，从广阔的企业发展中寻找思政课教学的契合性。对于思政课教师而言，他们可能会有这样的疑问：这个群体有必要参与校企合作吗？小部分思政课教师会以专业课教师的特殊性去看待这个问题。很显然，高职院校思政课教师在育人的过程中还是要强化职业教育特色，强化校企合作，这是和本科院校有所区别的重要体现。一方面，思政课授课对象是高职院校学生，他们未来从事的职业大部分还是和现阶段学习的本专业高度重合，对他们而言，有职业发展规划和企业实习的需要，如果思政课教师在授课过程中没有办法结合学生的职业发展来"讲深""讲透""讲活"理论，那就必然失去学生对思政课的接受与喜爱，也会影响教学效果。另一方面，思政课教师如果有校企合作的经验，对于拓宽思政课教师的视野是有益的尝试。例如，可以从企业的发展了解社会行业的分工和最新的前沿创新，有利于思政课教师在讲授社会存在、改革创新等思政主题时契合学生对职业发展认知的需要。总之，现在高职院校在思政课教师队伍建设中已经不再需要反复论证思政课教师要不要参与校企合作，而是应该关注如何引导及拓阔渠道为思政课教师关注和参与校企合作，增强思政课教师的综合能力提供机会。

（一）有针对性地开展校企合作

对于思政课教师参与学校校企合作的意义已经不需要再过多地强调。对于思政课教师下企业锻炼，可以结合思政课实践教学，引导大学生在参观、访问、社会调查、劳动锻炼、顶岗实习、科技服务、志愿者服务等活

动中进一步了解社会、认识国情、增长才干、培养品格、奉献社会,全面提高大学生的职业道德水平和综合素质。当前,应该重点关注如何有针对性地让思政课教师有机会、有计划地开展校企合作。这个针对性体现在何处?首先,针对思政课教师的适合的企业应该怎么遴选,确保思政课教师能够在适合的企业中发挥专业性;其次,思政课教师在开展校企合作中扮演什么样的角色;最后,在校企合作过程中,思政课教师哪些方面的能力得到增强。

第一,从对于学校教师队伍管理制度的解读可以看出,思政课教师也需要有针对性地参与校企合作。但是在走访过程中,也有部分思政课教师反映,学校在制度建设上重视教师参与校企合作,或者到企业中进行顶岗锻炼。但是在具体的实践过程中,很难对学校不同专业的教师进行有效的针对性地匹配。所以,为了提高匹配的专业性和针对性,可以从以下几个方面去考量:一是针对思政课教师的属性,遴选人文属性较强的企业,或者是工科企业中党建、文化传播等部门进行适配,一定程度上还是针对了思政课教师的专业属性;二是开展交叉领域的自主选择,对于交叉学科感兴趣的教师,可以在学校校企合作的领域内,结合感兴趣的行业进行针对性选择,以此弥补思政课教师在其他方面能力的弱项和短板;三是由校企合作的企业进行资源整合,为思政课教师岗位匹配专业度强的实践领域。

第二,思政课教师在开展校企合作中扮演什么样的角色?按照思政课教师的专业属性,事实上很多人认为思政课教师只需要在课堂或者实践中讲好理论,用好理论即可,对于职业教育的校企合作并不需要成为其必备的选项。现如今,思政课教师的视野需要不断地开拓,如果单纯只是讲授文本理论,显然已经不能满足在职业教育中运用理论去解决学生的职业发展困惑,也不能在学校职业发展的进程中去思考自己的定位和作用。一是按照职业发展的特殊性,去积极扮演理论传播的"大先生"。对于企业而言也是需要对员工进行思想政治教育、文化素养教育或者是对最新的职业定位政策的解读。思政课教师可以从自己擅长的理论讲授上去契合企业的需要,又可以从企业的再认识上强化理论的实践性,不断充实自己的专业素养。二是借助校企合作的平台开展思政课实践教学。思政课教师实践教学需要从课堂教学向社会课堂延伸，这就是"大思政课"对学生实践的基本要求，而校企合作刚好可以作为思政课教师开展学生社会实践重要的平台，学生通过企业实践可以了解最新的企业运作模式，也可以对未来职业选择有一个清晰的认知。思政课教师也可以通过学生思政实践和企业达成长期合作，形成稳定的"大思政课"实践基地。从这一角度看，思政课教师在学校校企合作中并不是"边缘人"，而是成为另外一种"主导者"。例如，思政课教师可以通过整合校企合作资源提升服务学生课程需要的课程内容的丰富度，满足企业、用人单位对人才规格的要求，进一步提升服务企业发展需要及社会的能力。

第三，在校企合作过程中，增强了思政课教师哪些方面的能力？对于思政课教师而言，有条件参与校企合作的各项工作对教师自我综合能力的提高还是有益处的。首先，看事物的角度和思路有所改变和提升。参与校企合作，如果用单向度的思维去衡量，很显然可能与思政课教师主要的职责并没有太多的关联，但事物的发展总是普遍联系的，要用联系的多样性和普遍性的观点去作为实践分析的理论工具。例如，校企合作是重要的社会资源，是思政课教师走向社会、接触社会的有效通道之一，对于开阔视野、增加对社会工作的全面认识、将认识的经验运用到具体的思政课教学内容上是有益的尝试。其次，统筹能力提升。统筹能力主要体现在思政课教师与企业之间开展了以学生为中心的"大思政课"实践活动，那就需要考验思政课教师的策划创新能力及组织协调能力。从策划创新能力看，主要是考验思政课教师如何将思政课教学内容与企业提供的实践样态相结合，既能结合课本内容，又能将理论知识有效地运用，这十分考验思政课教师本身的创新运用能力。从组织协调能力看，思政课教师与企业合作的对接过程中肯定会有很多要思考周全的事情要处理，也需要组织学生、安排学生，不断地优化实践教学的过程和项目，没有一定的组织协调能力，是很难处理好这一项看似简单实则复杂的工作。最后，理论与实践结合的能力有所提升。当前，部分思政课教师从学校毕业后就直接进入高职院校担任思政课教师，从学校到学校的优势就是理论学习和积累较多，利于开展理论研究与教学，但其不足也显而易见，部分思政课教师对当前社会的企业发展了解不充分，特别是和学校发展相关的重点行业，这对于思政课教师解决学生的职业困惑，或者是从职业内嵌的价值观或者道德行为角度去推进理论教学的时候，就会显得不够"接地气"。这也是为什么要大力推进思政课教师进企业实践，不断加深对当前校企合作发展的认识，从实践的需要上看，都是为了增强教师的综合能力，最终指向更好地开展教学，更好地实现立德树人这一根本任务。

（二）落实思政课教师进企业研修制度

思政课教师进企业研修是作为双师型教师认定的重要内容，也是提高思政课实践教学能力的重要依托。这就涉及了一个重要的制度保障问题，对思政课教师进企业的要求必须通过制度的管理来落实落细，形成推动力。那么思政课教师进企业研修制度应该从哪几个方面进行规范呢？

第一，要明确思政课到企业实践的基本原则。按照什么原则开展思政课教师进企业研修可以体现出学校对教师培训的整体方向，也能给教师的选择和开展实践作出"弹性"准备。一是坚持计划性、灵活性、实效性原则，根据学校特点特色有针对性地开展思政课教师参与校企合作。二是坚持与专业建设相结合原则，对思政课教师所从事的马克思主义理论专业有正面积极作用的都应该强化参与。三是坚持多样性原则。对于部分理工科学校而言，大部分与学校开展校企合作的单位都具有较强的技术壁垒，在遴选企业的过程中要注重多样性，给思政课教师多样的选择，特别是涉及法律咨询、人文教育、素养提升、企业党建、心理关怀等可以重点向马院思政课教师倾斜，这些项目都具有一定的人文性，相对而言比较契合思政课教师。

第二，实践时间、内容和形式的规定要科学合理。一是时间规定。思政课教师参与校企合作，主要还是为了在课后能够不断增强实践研修能力。所以，在安排教师到企业研修的过程中要注重合理性的时间安排。马院要结合具体实际，根据工作计划组织安排实施，教师到企业实践以不影响正常教学和其他工作为原则,可采取各种形式。思政课教师近五年到企业实践时间累计时间不少于6个月为宜。实践时间太长,教师会有工作压力;实践时长太短,又不能保证思政课教师有持续性的学习机会。

二是实践内容上要重点突出。思政课教师到企业实践要积极向企业学习。通过比对,部分高职院校推出的企业实践要求中主要围绕如下几个方面的内容展开:一是了解企业的生产组织方式、工艺流程、产业发展趋势等基本情况;二是熟悉企业相关岗位(工种)职责、操作规范、用人标准及管理制度等具体内容;三是学习生产实践中与所教专业相关的新知识、新技术、新工艺、新方法;四是结合企业的生产实际和用人标准,不断完善教学方案,改进教学方法;五是为企业进行人文服务和企业人员共同进行思想政治类工作的开展。对于不同的学校,这些具体的细节可以做出相应的调整,以兼顾不同学校思政课教师的特殊情况。

三是实践形式要确认。由于学校专任教师的首要工作是确保学校正常的教学工作不受影响,因此就需要从客观实际出发去安排和确定企业实践的形式。其一,思政课教师经批准全职到企业或生产服务一线进行实践,实践期间不安排授课任务。其二,短期到企业实践。专业教师经批准利用到企业指导学生实践实习和其他实践教学活动的时间进行实践,时间可以累加计算,这样的形式相比全职而言更具有灵活性。

总的来说,思政课实践教学是整个思政课教学体系不可分割的重要组成部分,是大学生思想政治教育的重要阵地。思政课教师赴企业实践教学是推动思政课教学与企业相结合的重要环节。在实践过程中,思政课教师要做好几个方面的准备。一是心理准备。和专业课教师相比,思政课教师对相关企业的认知和了解是存在短板的,要做好心理准备,特别是"自找苦吃"的准备。要虚心向企业一线员工请教,学习他们在技术创新方面的能力和精神,特别是很多优秀企业培养了优秀的员工,在他们身上体现了工匠精神,这也是职业教育和思想政治教育当中重要的育人元素,思政课教师可以将这些优秀人物案例整理成为日后上课的重要素材,特别是涉及创新创业、技术革新、大国工匠等教学内容。二是能力准备。去企业参与实践并不是走马观花的过场活动，也不是"热热闹闹"的完成形式，思政课教师要做好能力储备的准备。在企业实践，除了向企业员工、企业管理者学习经验外，还要发挥思政课教师在理论教学、国家政策宣讲及人文关怀上的优势，结合企业的实际需要解决问题，让思政课教师与企业职工能实现能力上的同频共振，以此发挥思政课教师的专业特长和优势。三是方法准备。思政课教师进入企业，用什么方法去快速地融入一个陌生的环境，去适应不同形态的职业分工，这很考验思政课教师的智商和情商。对于绝大部分思政课教师而言，面对企业实践要做的是快速地适应，适应过程中要讲究方法和技巧。例如，要有适应环境的方法，不能仅仅依靠理论学习的方法去适应技能成长的环境；要有让企业职工接受思想政治教育的方法。面对学生和面对在职企业职工，教育方法的使用不能一成不变，要掌握企业工人的群体特点，再用理论教学的特殊性去结合职工需要，实现思政育人与融入企业需要相结合。只有掌握了适合工人的方法，才能得到对方的认可，才能在企业实践中获得认同感。

三、强化师德师风，以促进教师德行为先的思政课教师素养提升

师德师风是评价教师队伍素质的第一标准，也是衡量高等教育质量的重要指标。新时代，加强高校教师师德师风建设，要求教师在教育实践和人才培养方面能够形成和保持相对稳定的较高的品质、信念和行为准则。只有这样，才能契合高等教育改革和发展的基本内涵与时代要求。

2019年11月，教育部等七部门印发《关于加强和改进新时代师德师风建设的意见》（以下简称《意见》），为全面提升教师思想政治素质和职业道德水平提供了理论遵循。《意见》指出，提升教师职业道德素养要"突出规则立德，强化教师的法治和纪律教育"。[1]当前，教师的师德师风成为学校重点关注的领域，也成了思政课教师加强自身修养的重要指标。有学者认为，"受到经济社会转型和高等教育改革的影响，高校教师队伍遭

---

[1] 教育部等七部门印发《关于加强和改进新时代师德师风建设的意见》的通知[J].中华人民共和国教育部公报，2019（12）：22-26.

受着极大冲击,对师德师风提出了更高的全新要求。而在维系传统道德体系的前提下,在新时代的教育沃土中继承和孕育符合时代发展的师德师风建设体系,既是新时代的发展要求,也是高等教育自我变革的要求。"[①] 对于思政课教师整个群体的师德师风建设,应该从如下几个方面进行强化。

(一) 思政课教师师德师风建设的目标

师德师风是评价教师的一根"红线",在教师评优评先、晋升过程中具有一票否决的作用。思政课教师师德师风建设要以明确的目标推进建设任务,贯穿于对教师培养的全过程。2016年12月,习近平总书记在全国高校思想政治工作会议上的讲话中指出:"要加强师德师风建设,坚持教书和育人相统一,坚持言传和身教相统一,坚持潜心问道和关注社会相统一,坚持学术自由和学术规范相统一,引导广大教师以德立身、以德立学、以德施教。"[②] 坚持"四个相统一",是对教育规律的自觉遵循,也是教师为人、为师、为学的内在要求。

第一,教书和育人相统一。教书和育人是教师两个不同维度的职责,既相互独立又相互包含。思政课教师的首要任务是上好课,成为优秀的教书工作者,把专业的理论通过因材施教的方法传授给学生,完成"知识的迁移"。如果只是完成这一步,那只能说这是思政课教师的基本要求,并不能称之为优秀的思政课教师,因为思政课还要承担重要的育人工作。和教书相比,育人的范畴更大,是对学生整个人生理想、价值取向、思维行动等各方面要素的培养,绝不是仅仅让学生完成对知识的消化就能实现的目标。现实生活中,个别思政课教师只是简单地按照职业属性的要求把自己定位成教授知识的一个分工者,对学生存在的人生疑惑和课堂之外的思想困惑缺少关注,这对于推进全过程育人而言显然不够。所以,思政课教师要在教育教学实践中充分挖掘专业知识的德育价值,把"教书育人"渗透到人才培养的各个环节,让教书和育人同步推进,让育人成为思政课教

---

① 常青,韩喜平. 立德树人系统化落实的协同机制构建:基于12所高校调查数据的分析 [J]. 教育研究,2019(1):94-101.

② 习近平谈治国理政:第二卷 [M]. 北京:外文出版社,2017:379.

师自觉自然的行为。

第二，言传和身教相统一。对于思政课教师而言，说和做是两个重要的内容，说出来的"大道理"如果在具体的实践中无法体现，那对学生的认知影响是颠覆性的，将使学生对教师教学的理论与实践行动的剥离产生分裂感。思政课教师的重要性体现在对学生价值观的引领和塑造，如果一个人的价值信仰体系出现了问题，那这个人再有才华也不能称之为社会主义合格的建设者。对思政课教师而言，其本身就具备丰富的理论知识，在理论素养的熏陶下，思政课教师应该是马克思主义坚定的信仰者，是中国特色社会主义道路坚定的拥护者和践行者。所以，在对思政课进行师德师风建设过程中，要强化教师在社会主义核心价值观的引领下，在具体的育人实践中以身作则、言传身教，对当代大学生进行有效的思想政治教育。

第三，潜心问道和关注社会相统一。传道是教师的首要职责，传道者自己首先要明道、信道。广大教师是学生成长成才的引路人，要坚持教育者先受教育，加强政治理论学习，坚定马克思主义信仰，做共产主义远大理想与中国特色社会主义共同理想的坚定信仰者、忠实实践者。对于思政课教师而言，这里的"道"指的是马克思主义科学理论，是对共产主义远大理想的坚守和中国特色社会主义共同理想的认同，是社会主义核心价值观的践行体现，也是对整个人类社会历史发展的必然规律的认识。对于思政课教师而言，问道是展现教师基本专业技能的体现，要站在历史发展的角度去看待社会发展，要通过掌握科学之道去指导学生关注社会，这些都是客观世界要不断求索的"道"。关注社会不仅是学问的价值取向，也是学问保持强大生命力的源泉，要掌握科学方法，在实践中摸索，勇于探索、善于回答时代提出的命题，彰显学问价值。践行习近平总书记对思政课教师群体建设的要求，要坚持教育者先自我教育，按照思政课教师岗位要求和社会期盼的要求，成为新时代先进思想及文化的传播者，成为社会主义核心价值观的自觉践行者，更好担起学生健康成长指导者和引路人的责任。从另外一层含义看，坚持潜心问道和关注社会相统一，实际上是将教师的个人价值和社会价值相统一，实现自我价值从个体到集体的跃升。

具体而言，教师的"问道"对于自我而言，是为了实现个人价值，满足自身的物质和精神需求，但个体与社会是辩证统一的关系，思政课教师应该本着完成小我成就大我的心态，倾力做到个人价值和社会价值相统一。总之，思政课教师要认识到教学与科研都是长期、艰辛的过程，既要做到不畏艰难和科学严谨，也要做到攻克难关、自我超越，以实际行动为社会发展做贡献。

第四，学术自由和学术规范相统一。高校教师要在学术自由环境中做到学术规范，在推动学术进步中能够主动规避不良因素的干扰和影响。首先，学术自由不代表学术研究随心所欲地开展。思政课教师是讲究政治立场的特殊教师群体，在学术研究中有些涉及敏感话题的研究内容要有明确的边界意识，要注意把握研究尺度，要严谨地开展研究。其次，要注重学术规范。在学术研究中要坚持原创性原则，要以内心自律去尊重别人的研究成果。例如，在学术研究过程中，要按照学术规范的要求审核和出版学术成果，做到学术观点要合理，学术产权无争议，学术道德有遵守，不能为了学术噱头而哗众取宠，也不能为了学术自由而用学术去攻击他人观点。最后，要正确认识人工智能的应用。随着现代信息技术的不断发展，人工智能成为教师开展教学科研的重要帮手，有些教师过于沉溺人工智能的创造力，在开展学术研究中，用人工智能的方式生成学术成果，容易产生学术不端的危机。所以，思政课教师既要在合理的边界中看待人工智能对于开展研究的作用，也要警惕人工智能对学术生态的破坏。

（二）思政课教师师德师风的自我教育

马克思主义认为，事物的发展主要是由内因决定的。对教师开展师德师风建设也要遵循这一基本原理。事实上，通过观察一些师德失范行为的案例去分析部分教师师德存在问题的原因可以总结出一些共性的经验。如果按照他律的影响来看，其实每位教师受到的规范制约都是一样的，都有来自学校、社会的广泛监督。那为什么在同一环境下，有的老师会成为师德标兵，成为优秀教师的典范，而极个别教师会成为失范者？究其原因，其实就是教师本身的理想信念不够坚定，自我约束的执行力不够，在内心中没有把师德师风作为坚定的、铁一般的纪律在遵守，才会在言行上产生脱离标准师德的风险。既然已经知道了内因的重要性，那如何强化思政课教师在师德师风上内因的作用呢？首先，要关注思政课教师的"内省自律"。内省自律更强调的是自我的道德修养在行为上的呈现，但是这个内省是需要强大的自我调节能力来实现，也就是从心理的角度看，能够自律的人在没有监督的情况下也能言行一致，做到始终如一。其次，要强化"榜样示范"的作用力。在自我师德的养成过程中，榜样的影响是直接的，优秀教师的故事往往是其他教师学习的优秀范本。例如，在思政课教师群体中树立教学榜样、科研榜样、社会服务榜样等，让不同的榜样展示独特的师德风采。在榜样的选择中也要兼顾不同职称和年龄的差异，因为在固有印象中，觉得从教年限越长，其榜样示范性越强，对于部分年轻教师而言，他们对身边同龄人的榜样示范更有信任力，这就是心理亲近原理带来的效果。最后，要注重道德实践。对思政课教师师德师风的养成如果只是单纯地用说教的形式开展，那产生的效果必然是单一的。所以，对思政课教师的师德教育要强化道德实践，这个道德实践的积累会产生道德养成的自觉性，通过自觉性不断约束主体按照有效的方式去开展科学的道德实践。

（三）思政课教师师德师风的外部他律：营造良好的师德环境及确立制度规范

对师德师风建设的规划不仅要体现在教师自我主体性的要求和约束，还要为教师师德师风的主体性建构提供良好的外部环境。这个外部环境主要包括师德氛围、制度规范、全面监督。

首先，营造良好的师德环境。教师群体本身就是高学历高素质的代表，其言行在一定程度上靠的就是比其他群体更多的自律约束。但是如果从人的主体性发展来看，即使在教师群体中，也会有极个别老师自我约束能力较弱，产生师德隐患。随着教师主体自我修养的不断提高，对师德环境的要求也越来越高。目前高职院校在开展师德师风建设过程中也有了许多新的尝试和做法值得借鉴，形成了一定的规律性认识。但如何营造良好的师德环境呢？事实上，这个环境主要是人的主观环境和客观环境相作用的结果，但其如何发挥效用，值得我们深入地思考。从客观的关键要素看，一是学校领导干部在师德表现上的作用会起到引领作用。领导干部是少数关键，这个少数关键能够在教师群体的发展中起到引领示范的作用。二是校园环境软实力建设中对师德文化的营造。有些学校特别注重在校园文化中厚植优秀教师的品德文化，通过遴选在德育、教育领域有知名度的名人雕像和座右铭进行校园布景，让教师沉浸在充满道德品质的人文环境中，形成耳濡目染的效果；还有些学校会结合各类教师培训，有针对性地开展教师群体师德活动、外出德育培训学习等，让教师感受到学校对于师德师风的关注，也间接通过外部环境的熏陶不断提高教师的自我道德修养。三是利用宣讲会、教师节、教师培训等契机经常性邀请全国知名的优秀教师、师德楷模入校讲座，分享师德故事，让教师近距离感受优秀教师在师德师风上的先进事迹，主动向优秀靠拢，向楷模学习。

其次，强化制度规范。制度建设是强化高校教师师德师风建设的重要"把关锁"。早在2014年，教育部就发布了《关于建立健全高校师德师风建设长效机制的意见》，这是各高校开展师德师风制度建设的重要参考文件。师德师风建设的制度规范包括众多方向，如选人用人的制度、师德考核的制度、师德师风处理制度、师德师风的评价制度等。对于高校师德师风管理层而言，制度的出台是为了提高管理效度，是一种他律的管理手段。对于教师自我管理而言，他律是为了更好地自律。从自律与他律的关系逻辑来理解制度建设与教师师德师风，有助于提出更优的对策去解决教师师德师风存在的问题。一是确保制度建设符合教师本身的合理利益诉求。师德师风建设应该成为教师安心教学、敬业教学的助推器。不能简单粗暴地将教师的合理行为都扣上"违反师德师风"的帽子，要根据中央文件和教育部文件的基本精神和要求，做好学校师德师风的制度建设。二是要广泛地宣传和开展师德师风的集体学习和自我学习。部分教师对师德师风的文件精神没有深入地学习，学校和二级学院要将师德师风学习作为常态化教师学习的重要任务，创新学习形式，丰富学习载体，让教师读懂弄通师德师风的文件要求和精神要义，心中时刻牢记师德师风的基本要求，将其作为行为的准绳去规范自己的行为。还可以利用教师节、各种纪念日等契机，广泛宣传好教师的典型代表，为教师营造崇尚师德、争创师德模范的良好校园氛围。三是制度规范要注重师德激励效果。对在师德师风方面有突出模范作用的教师要重点宣传和奖励，并在职务（职称）晋升中作为重要的考核指标和优先考虑的要素。四是在师德处罚的制度设定上要严格，要明确教师在教育过程中损害国家利益、损害学校及学生合法利益的各种行为的界定和处理规定等。

最后，健全教师主体权益保障机制。根据教育部师德师风建设文件要求，高校在开展师德师风建设过程中要充分保障教师的合法权益。要根据《中华人民共和国教育法》《中华人民共和国高等教育法》《中华人民共和国教师法》等法律法规和高校自己的章程，明确并落实教师在高校办学中的主体地位，完善教师参与治校治学机制，在干部选拔任用、专业技术职务评聘、学术评价和各种评优选拔活动中，充分保障教师的知情权、参与权、表达权和监督权，创设公平正义、风清气正的校园环境。此外，要充分尊重教师的专业自主权，保障教师依法行使学术权利和学业评定权利；保护教师正当的申辩、申诉权利，依法建立教师权益保护机制，维护教师合法权益；健全教师发展制度，构建完整的职业发展体系，鼓励支持教师参加培训、开展学术交流合作。

要做好上述几点要求，就要明确高职院校师德建设工作的责任主体。高职院校领导是师德建设的责任主体，学校党委是师德建设的第一责任人，要强化党委领导的作用，建立"学校党委—二级学院党组织—教师党支部"联动机制。高职院校要明确师德建设的牵头部门，成立组织、宣传、纪检监察、人事、教务、科研、工会、学术委员会等相关责任部门和组织协同配合的师德建设委员会，建立和完善教师自我约束的领导体制和工作机制，形成师德建设合力，为师德建设提供坚实保障。

四、其他可操作的具体建议

由于每所学校的校情具有差异性，思政课教师队伍建设应该坚持因地制宜的原则开展各项工作。基于此，思政课教师队伍建设需要放置在不同高校的实际情况去实事求是地处理问题，要从学校的定位和发展的适应性去提出有针对性的建议。以下是课题组学校在长期实践中形成的一些特色经验。

（一）引培共进，建立高职院校"思政引培联盟"

引进和培育思政课教师是马克思主义学院（思政部）持续发展的重要工作，在确保引进教师的前提下，如何有效培育思政课骨干成为思政课教师建设的重要内容。根据以往的经验，每个学校都有自己独立成系统的培育策略。欠发达地区的高职院校可以组团联合培育思政课教师，探寻一条合作共赢、优势互补的共培之路。

按照引培协同的基本原则，我们可以从以下角度去思考高职院校思政课教师联合培育的新路径。例如，按照资源互补和最优集合的原则建立"思政名师工坊"，名师发挥在思政课教学科研中的引领作用，起到以老带新、以优质资源辐射带动的作用。和本科院校相比，高职院校思政课教师队伍教授、博士、行业领军人物等人才资源极其稀缺，这既有历史原因，也有现实发展的原因。但和民办高职院校相比，公办高职院校还是具有一定数量的思政课骨干人才。要破解高职院校这一现实矛盾，可以通过组建高职院校思政课人才建设联盟，集中高层次人才优势资源，辐射带动高职院校思政课整体人才队伍实力。例如，近年广西开展了高校思想政治教育杰出人才支持计划，公办高职院校思政课教师入选"卓越教师"系列和"骨干教师"系列的人数和民办高职院校拉开了较大差距，这些优质的高职院校思政课教师资源可以集结成立"思政名师工坊"，发挥高职院校思政课优秀教师的示范作用，培育更多公办优质思政课教师。除了培育更多高职院校思政名师、思政骨干教师，也要关注和培育思政"青苗"，通过培育—灌溉—成长的建设轨迹，推出思政青苗培育计划、青苗灌溉计划、青苗成长计划等,推动一批年轻优秀的高职院校思政课教师成长成才,实现人才梯队建设的健康、有序发展。通过对年轻教师的培养,为其搭建舞台,能够不断提升青年思政课教师适应高校思政课教学,发挥职业潜能的优势。例如,有些高职院校马院根据本院情况,给刚入职或者工作不满5年的思政课教师量身定制"发展规划表""成长路线图",为年轻思政课教师配备专业的生涯成长导师(该导师一般为马院资历较深的教师),在指导的过程中,导师可以根据年轻老师的实际情况帮助其更好地适应教学工作,也能够在马院建立起互帮互助的成长通道,形成良好的马院人才成长氛围。

(二)德技双育,建立"思政师德学堂""思政强技学堂",强化思政课教师师德建设,提升教研技能

习近平总书记指出,"评价教师队伍素质的第一标准应该是师德师风"[1]。良好的师德师风是思政课教师开展思政育人的必备素养。在开展师德师风建设的过程中,应该注重思政课教师的自我约束能力;在开展思政课教师技能提升方面,应该注重思政课教师教学技能的多样性。因此,可以通过建立师德为先的"思政师德学堂"和技能提升为主的"思政强技学堂"作为思政课教师队伍建设的长效举措和有益探索。

"思政师德学堂"主要围绕思政课教师师德师风建设的核心要义开展培训和组织各类活动,重点围绕思政课教师"六要"的要求开展,分别是政治要强、情怀要深、思维要新、视野要广、自律要严、人格要正六种素养,可以按照"六要"的核心内容,分模块独立组织活动,通过六大核心要素培养思政课教师爱岗敬业、为国育才的使命和担当,培养思政课教师的教育情怀,使之成为新时代教育家精神的时代传承者和弘扬者,成为思政育人队伍中政治立场坚定的中流砥柱。

"思政强技学堂"作为类型规划,主要针对思政课教师的教学技能、科研能力进行有针对性的培训和提升,重点提升高职院校思政课教师课堂

---

[1] 习近平. 在北京大学师生座谈会上的讲话[M]. 北京:人民出版社,2018:9.

教学把控能力、教材转化为教学的创造性能力、教学规律的总结提升能力、教学科研协同推进能力等。如果从面向职业教育思政课教师而言，强技学堂还要添加与职业教育、校企合作等相关的培训内容，让高职院校的思政课教师能够结合职业教育学生的特点和职业教育发展的规律进行有效的课堂教学和课题研究，帮助高职院校思政课教师走出一条符合职业教育规律的思政课教学新模式。值得注意的是，师德师风建设和教师技能建设要融合发展，尽量避免专业技能与师德建设"两张皮"的情况存在。要想有效地结合思政课教师专业技能建设与师德师风协调融合发展，需要通过结合思政课教师本身的专业属性和学校特点特色有针对性地运用全校师资队伍建设资源开展该项工作。

（三）校企并行，建立"思政＋企业"挂职锻炼模式，鼓励高职院校思政课教师了解职业教育发展，推进思政课教师"双师"建设

随着新时代国家职业改革实施方案的落地，思政课程与课程思政同向同行是必然趋势。高职院校思政课要在教学上体现"校企合作、产学融合"的育人内容，以此契合职业院校育人的课程要求。思政课教师如何适应企业需要的复合型德技人才，如何与企业共同育人，一直是很多高职院校思政课教师思考的难点问题。在调查中，大部分高职院校思政课教师没有进入过企业一线开展稳定的实践活动，大部分属于短期的参观调研；75%的老师表示很难实现思政课与企业的合作开发；只有不到50%的思政课教师认为，职业教育背景下的高职院校思政课可以与企业深度共育，推动思政课走向学生的未来职业，融入企业的育人价值。

职业院校的思政课教师如何发挥校企合作优势，打造双师型思政课教师，成为当前职业院校思政课教师培养的突破点。事实上，思政课教学内容和企业发展、职业分工等关键领域是密切联系的。例如：思想道德与法治课教学内容涉及职业道德、职业创新发展等，是大学生走向职业岗位需要思考的内容；毛泽东思想和中国特色社会主义理论体系概论课教学内容涉及市场经济、企业改革等时代话题；形势与政策课则与时代、行业发展更加紧密联系，特别是国内外经济发展与政策变化等。作为一名高职院校思政课教师，不了解中国市场经济的发展、企业育人的内容、学生就业的时代趋势、劳动（职业）教育等内容，就会和授课对象的行业、未来发展产生话语鸿沟，在对学生职业领域的价值引领中就会失去思政课教师的话语影响力。通过每年选送优秀思政课教师深入企业一线挂职锻炼，或是短期进修，让思政课教师更加了解当前不同岗位的职业发展趋势，了解企业革新创造的新工艺、新技术如何变革社会发展等，让思政课讲得更接地气，更靠近职业院校学生的职业需要。

（四）进退有度，推行思政课教师"进退考评"机制，强化思政课队伍内外激励驱动，提高思政队伍发展活力

教师队伍不再像过去提到的"铁饭碗"概念，要打破固有思维，允许优秀的思政课教师晋升发展；也要设定机制，让条件不合格，对思政育人没有情怀的人退出思政课教师队伍，让整个思政课教师队伍活起来，动起来。和前面内容提到的一样，这里就涉及思政课教师"进退"机制的搭建。从目前高校思政课教师队伍管理来看，本科院校会有"非升即走"的考核压力，高职院校往往没有这类要求。但是，这不意味着思政课教师就可以在高职院校马院"躺平"。只是简单地完成教学任务，而不做其他育人工作，这在当前高度重视思政课育人的时代背景之下，显然已经不合时宜。

思政课教学涉及政治、经济、文化、社会等多重内容，涉及社会交往的方方面面，对思政课教师的综合素养要求很高。为了建设高质量的高职院校思政课教师队伍，要对思政课教师实行严格的准入制度，筛选政治强、情怀深、思维新、视野广、自律严、人格正的老师加入思政课教师队伍。要结合思政课教师队伍的年龄结构、学历结构、职称结构来确定进入的标准，实行"宁缺毋滥"的选人标准。特别是现在对思政课的学历要求越来越高，博士进入高校已成为本科的"标配"，高职学校也对博士人才的选用提出了要求，博士入职高职院校已经成为常态现象，这也倒逼目前在高职院校马院的思政课教师要不断提高自己的职场竞争力，才能不断推陈出新。

选人把关之后，就是考验过程管理效果。在管理过程中，实行岗位绩效考核制度，通过完成一定的岗位任务提高教师的教学和科研水平，通过岗位绩效激发教师的积极性、主动性和创造性，提高思政队伍的发展活力。特别是部分马院有2 000元思政绩效津贴，成为思政课教师队伍管理和分配绩效的有力杠杆。至于如何分配这些绩效，每个学校的做法都大同小异，前提是要起到调节作用，实现优绩优酬的效果。同时，实行不合格思政课教师退出机制，凡绩效考核不合格的，停岗半年进行业务培训再上岗，重新上岗后仍不合格者，退出思政课教师队伍。通过岗前、岗中、岗后的严格把控，形成闭环管理，以提高思政课教师队伍质量。思政课教师"进退考评"机制短期内会引发思政课教师的职业压力。但从长远来看，是提升高职院校思政课教师队伍素质，激发思政课教师活力的重要手段之一。

（五）内外双师，建立"特聘思政名家""企业思政导师进课堂""学校领导思政学堂"等活动品牌，推进思政课教师专兼互补、协同建设

思政课教师队伍建设要结合校内外资源开展联动合作，实现优质资源互补。当前高职院校思政课教师大多是研究生毕业后直接进入高校工作，缺乏社会工作经验，缺乏对社会实践的深刻体会，往往容易出现理论与实践相脱节的情况。为了更好地解决这一问题，可以尝试建立专兼职协同推行思政教学的机制，把思政小课堂和社会大课堂结合起来，特别是面对高职院校思政课教师而言，与企业合作开展师资队伍建设可以弥补思政课教师队伍实践能力的不足。例如，部分高职院校建立校企合作师资库，对部分能力较强的企业优秀员工作为思政课开展"大思政课"实践教学的补充师资或者成为第二导师，主要任务是协助和配合思政课教师开展的实践教学活动，以此增强思政课的理论性与实践性。此外，和民办高职院校对比，公办高职院校具有一定的经济实力去开展思政课内在质量提升，不管是聘请知名教授还是引入知名企业导师，对公办高职院校而言，都有充足的资金和实力去完成。基于这点，民办高职院校在思政课教师队伍配置上存在相对明显的短板，特别是部分偏远地区的民办高职院校，在思政课教

师师生比上还不够完善,更谈不上优化教师队伍建设,配齐教师还成为当前思政课教师队伍建设的主要矛盾。所以,部分实力较弱的公办院校和民办院校可以借助校校合作和结对共建机会,开展优质师资互补。例如,通过"特聘思政名家"项目,可以建立兼职"名师队伍",通过兼职名师带动校内教师队伍能力提升和教师队伍结构性优化,特别是有些高校地处省会城市,具有丰富的高端人才资源,当地富余的思政名师资源可以外溢到周边学校开展结对共建或者开展柔性引进工作。这样,一方面提高思政课教师的综合能力,指导青年教师成长成才;另一方面让思政名师与学生面对面交流,能够解学生思想之困惑,提高思政课教学的含金量。其次,也可以充分利用银龄教师计划,吸引全国优秀的银龄教师到高职院校开展短期或者周期性教学,充分发挥退休老教师丰富的教研经验。还可以通过建立"企业思政导师进课堂"项目,让企业导师结合个人职业发展的育人经验引导学生成长成才,帮助职业教育的学生通过思政+职业的组合,提前了解和掌握职业发展领域的前沿动态,并了解职业发展需要的思政元素,在提高劳动技能的前提下,不断增强劳动素养和职业发展素养;通过"学校领导思政学堂"实现领导上思政课工作常态化开展,通过校领导思政课,长期开展理想信念教育、爱国爱校教育,激发学生牢记使命、勇于担当、脚踏实地、不懈奋斗的精神,也架起校级领导和学生的沟通桥梁,让学生更好地关注学校的发展,关注职业发展。总之,通过思政课教师队伍的结对共建帮扶,思政课教师与企业育人导师的搭配合作,学校领导干部之间的专兼互补、协同育人,综合发挥"大师资队伍"的协同育人作用,有效提升思政课育人效果。

(六)外调内疏,建立"思政职业心理关怀室",关注思政课教师心理发展变化,提高思政课教师的职业情怀,实现育人育己

在高校管理中,学校往往很关注学生的心理状态,这是维护校园安全稳定重要的方面。但事实上,教师的心理状态也很值得关注。思政课教师的心理压力越来越影响着他们的工作情绪和心理状态。比如,当前国家对思政课越来越重视,对思政课教师专业能力的要求也越来越高,部分高职

院校教师无法适应思政知识更新速度加快，无法适应陡然提高的工作要求，无法适应高职院校思政课教师社会地位认同差异带来的心理落差，和本科院校相比，缺少高水平发展平台等。这些心理压力不仅会使教师的身体出现异常，也会使教师逐渐丧失工作热情，更有极个别教师因此产生了心理焦虑，甚至是出现了抑郁症。因此，及时对心理压力过大的思政课教师进行心理疏导是当前高职院校亟需关注的一个重要问题，也是稳定思政课教师队伍不容忽视的现实问题。

关注思政课教师心理健康，既要营造一个让思政课教师感到心情舒畅的工作环境，也要注重对思政课教师的人文关怀，使思政课教师在精神上得到放松和平衡，更要通过具体的调研去研判思政课教师心理问题出现的共性原因，以此有针对性地提出解决问题。一方面，建立"思政职业心理关怀室"，与学校原有的心理健康教育与咨询中心合作，每周定时开放"思政职业心理关怀室"，配备专业的心理咨询师值班，为教师提供心理疏导、心理援助服务，让思政课教师在出现无法释放的心理压力或无法解决的心理压力时，通过"思政职业心理关怀室"得到情感的疏解和释放，使心理状态得到改善。同时，不定期邀请心理专家到学校做讲座，指导思政课教师应该如何去应对心理压力、如何进行自我调节、如何开展心理保健等，使每一位思政课教师都能掌握心理调适方法，进行压力释缓，学会维护心理健康，保持心理平衡。另一方面，构建心理氛围和谐愉悦的交往环境。例如，学校领导与普通思政课教师开展平等对话，给予关怀，让思政课教师愿意说出自己的心理变化，及时疏导教师的不良心态，解决问题；同时，给予思政课教师工作上的肯定，采取正向激励激发思政课教师的主动性、创造性，给思政课教师以满足感、自豪感、成就感，这就涉及了思政课教师职称评判、职务晋升、物质待遇等比较具体的环节。这个在前面的教师发展问题中也有涉及，由此可以得出结论，思政课教师心理问题的产生不是单一的物质条件引发，必然带有职业环境错综复杂的深层次原因。例如：对思政课教师岗位的认识原因；对职业发展规划的不到位引发的焦虑原因；对整体学校环境的自我认同原因；内部家庭环境引发的职场适应等。不同的学校要根据自己学校思政课教师表现出来的问题有针对性地提出解决路径，这是共识之处。总之，思政课教师心理问题的产生有着复杂的社会、学校、家庭原因，为了保障思政课教师教书育人稳定的心理状态和积极的心理情绪，必须予以重视。

结语与展望

本书从党和国家出台的关于高校思政课教师发展的政策文件和对高职院校思想政治理论课教师队伍建设的有关研究入手，结合不同高职院校思想政治理论课教师队伍的实际情况，对部分高职院校专职思政课教师的基本情况和结构进行分析。通过文献研究、问卷调查等方法发现当前高职院校思想政治理论课教师队伍建设中存在的问题，指出当前思政课教师队伍面临着专职教师数量不足，师生比偏低；教师学历职称结构不合理，高层次人才比较缺乏；部分教师学科意识不强，科研能力薄弱，高水平成果不突出；教师参与培训需求迫切但参加专业培训机会不多的现实困境。并针对以上问题提出了具体的对策，具有系统性和针对性，能够在一定程度上为高职院校思政课教师队伍的建设提供实践指导，进一步丰富了当前关于高职院校思政课教师队伍建设研究，并提出带有建设性的意见和建议。特别是当前高校思政课教师数量激增，对思政课教师综合能力的要求越来越高，整个思政领域的大环境都要求思政课教师队伍在数量和质量上要体现出结构性的优化。但是，由于高职院校思想政治理论课教师队伍建设是一项庞大的工程，涉及政策、制度、管理各个层面以及教师的职业认知、职业情感、职业归属感等各个方面的综合要因，加之课题组成员能力有限，对问题的剖析可能还不够深刻，所以难免还存在一些不足之处，也促使课题组进一步开展关于教师职业价值观、职业理想、职业角色等方面的研究，争取在之后的动态跟踪研究中提出更富有建设性的指导性意见和解决对策，促进高职院校思政课教师队伍的高质量发展。为此，课题组也对本课题后续研究作出了一些思考和展望。

一是要深入研究"95后"思政课教师的职业状态画像。当前高职院校新入职的思政课教师多为应届硕士毕业生，年龄段集中在1995—1999年，属于非常年轻的教师群体。年轻作为对"95后"思政课教师群体画像的第一个特点，展现出其蕴含的朝气与活力，也是未来思政课教研中的新生力量。因此，"95后"思政课教师群体画像重点研究什么？我们可以尝试从以下几个细节去发现问题："95后"思政课教师和之前"60后""70后""80后"等阶段的思政课教师在面对思政课这一职业上有何心态变化，其职业发展定位如何，其看待就业过程中的积极心态和消极心态的表现如何等。从这几个方面去研究下"95后"思政课教师的职业状态画像，有利于更好地研究如何激励"95后"思政课教师发挥教育情怀，展现年轻思政课教师奋勇向前、乐于奉献、敢于拼搏的职业形象。

二是要深入开展当前高职院校思政课教师博士群体的发展研究。随着博士扩招以及高职院校在高层次人才招聘上抛出的"橄榄枝"，越来越多的博士加盟高职院校。如何用好博士，充分发挥博士在教育教学和育人领域的专业性，使博士能够适应职业教育发展，成为摆在职业院校教师队伍建设中的重要任务。对于马院而言，思政课教师队伍质量尤为重要，由于本科院校思政课和高职院校思政课存在一定的差异，特别是面对的学生群体不一样，加之高职院校马院和本科院校马院在学科建设、平台建设上存在较大的差距，面对越来越多的博士加盟，马院应该从哪几个方面开展博士教师队伍制度建设，通过制度建设保障博士教师的基本权益，并且要发挥制度管理的优势，激发博士干事创业的积极性。博士如何结合当前职业教育的时代要求和发展特点去开展教研活动，如何将思政教育与企业合作结合？这些问题值得后续跟进和研究。此外，作为高层次人才的博士群体，如果只是将其定位为思政课教学的一般要求，显然并没有发挥出博士应有的水平和能力。因此，根据学校实际，结合马院思政课教师博士专业背景，可以考虑分类进行管理，按照优势要素的管理规则，不断优化思政课博士教师的培养，让有才能的思政课博士教师充分发挥优势，让适应能力一般的博士教师尽快适应高职院校思政课教学模式，更好地融入其中。

三是针对思政课教师海外研修培训的特殊性开展研究。思政课教师定期参加教学科研或实践研修等培训是教师队伍建设常规工作之一。对于思政课教师而言，参加培训可以不断接触思政课新的教学知识、先进的教学方法、丰富的实践研修，是扩宽思政课教师视野的重要举措。对于高职院校思政课教师而言，培训除了常规的教学科研外，在哪些方面存在与本科院校较大的差距呢？这是后续要进一步研究的问题。综观前面阐述的关于高职院校思政课教师实践研修问题，其中一个短板弱项便是国际视野不够宽。对于思政课教师而言，我们在讲述中西方制度对比，阐述中国特色社会主义制度优越性的过程中，往往借助理论来解释现状，很少有老师到西方国家或者周边社会主义国家去考察实践，这对于思政课教师的实践研修而言，是一个短板。因此，后续研究中可以深入分析目前高职院校思政课教师海外研修相关问题，从现实角度去思考，如何拓展思政课教师的国际比较视野，让更多的思政课教师有机会走出国门，在行走的实践中亲身感受中国特色社会主义制度的优越性，从而增强四个自信。由于这项内容涉及意识形态问题、国家外交以及处境安全等，并不是短期能解决的，也并不是能覆盖大部分思政课教师的规划，因此可以作为长期的研究去开展探索。

四是针对思政课教师"躺平"心态的多重性开展研究。对大学生开展思想政治教育，会涉及一个关于人生价值和意义的选题，便是奋斗的人生。"躺平"对于思政课教师而言并不陌生，我们鼓励大学生要开启奋斗人生，拒绝不合时宜的"躺平"。面对思政课教师群体，他们当中是否也存在极个别"躺平"者？他们是否也有"躺平"的思想苗头？如果思政课教师自身存在这样的消极工作心态，我们又将如何去开展思政课教师的思想政治教育工作，激发其干事创业、不断进取的奋斗精神呢？对于这个问题，学界的研究还比较少，在大家的观念中，思政课教师一般都是政治站位高、教育情怀深、自我要求严的群体，很少会出现"躺平摆烂"的现象。但随着职业诉求的多元化，思政课教师的价值观念也会随着时代的发展和受到客观不良环境的影响而发生变化，针对思政课教师群体职业心态及由此引发的"躺平"问题可以成为后续研究的关键。特别是在当前思政课教师"内卷化"倾向常见的前提下，部分思政课教师对学校评职称的条件望而生叹，对职业前景存在理解上的错位，对职业产生的身心问题存在情感焦虑问题，这些都是现实存在且直接影响教师教学心态的客观梗阻。但是，研究思政课教师"躺平"心态并不能坚定地将其理解为"一躺白了"，要深刻地分析嘴上"躺平"与实际"躺不平"之间的心理矛盾；要分析"真躺平"与"假躺平"之间的特征差异；还要通过研究制度建设、人文关怀、心理疏导等策略，如何预防思政课教师"真躺平"，也要基于教师发展的多样性去看待迫使思政课教师"躺平"的人为原因。

　　思政课教师队伍建设后续要研究的问题还会随着时代发展及社会变化而出现。从事思政课教师队伍建设研究的学者也会秉持实事求是的研究精神，客观冷静地分析思政课教师队伍出现的"真问题"，在研究过程中既要保持相对的客观性，也要摆脱"神化"思政课教师的倾向，认为思政课教师是最不会出现问题的教师队伍。只要是研究人的工作问题，就必然打上时代发展的烙印，也必将根据特定情况进行分析。因此，后续出现的问题会在当前显现出苗头，本课题组也将会持续地关注。

参考文献

［1］马克思恩格斯文集：第 1-10 卷［M］.北京：人民出版社，2009.

［2］列宁选集：第 1-4 卷［M］.北京：人民出版社，1995.

［3］毛泽东论教育［M］.北京：人民教育出版社，2008.

［4］毛泽东文集：第 1-8 卷［M］.北京：人民出版社，2003.

［5］邓小平文选：第 2 卷［M］.北京：人民出版社，1994.

［6］江泽民文选：第 1-3 卷［M］.北京：人民出版社，2006.

［7］习近平著作选读：1-2 卷［M］.北京：人民出版社，2023.

［8］习近平.论教育［M］.北京：中央文献出版社，2024.

［9］中共中央文献研究室.邓小平论教育［M］.北京：人民教育出版社，2004.

［10］习近平.决胜全面建成小康社会 夺取新时代中国特色社会主义伟大胜利：在中国共产党第十九次全国代表大会上的报告［M］.北京：人民出版社，2017.

［11］中共中央宣传部.平语近人：习近平总书记用典［M］.北京：中央文献出版社，2019.

［12］习近平.在纪念马克思诞辰 200 周年大会上的讲话［M］.北京：人民出版社，2018.

［13］习近平.在哲学社会科学工作座谈会上的讲话［M］.北京：人民出版社，2016.

［14］习近平.在北京大学师生座谈会上的讲话［M］.北京：人民出版社，2018.

［15］习近平.高举中国特色社会主义伟大旗帜 为全面建设社会主义现代化国家而团结奋斗：在中国共产党第二十次全国代表大会上的报告［M］.北京：人民出版社，2022.

［16］习近平.思政课是落实立德树人根本任务的关键课程［M］.北京：人民出版社，2020.

［17］中共中央文献研究室.十八大以来重要文献选编：上［M］.北京：中央文献出版社，2014.

［18］中共中央文献研究室.十八大以来重要文献选编：中［M］.北京：中央文献出版社，2016.

［19］徐宏志.思想理论教育教学［M］.北京：高等教育出版社，2006.

［20］苏霍姆林斯基.和青年校长的谈话［M］.赵玮，译.北京：教育科学出版社，1998.

［21］顾明远.教育大辞典［M］.增订合编本.上海：上海教育出版社，1998.

［22］沈壮海.思想政治教育有效性研究［M］.武汉：武汉大学出版社，2016.

［23］张耀灿，等.现代思想政治教育学［M］.北京：人民出版社，2006.

［24］郑永廷.思想政治教育学原理［M］.北京：高等教育出版社，2016.

［25］李海峰.高校思想政治理论课教师角色研究［M］.北京：人民出版社，2012.

［26］韦冬雪．思想政治教育过程矛盾和规律研究［M］．北京：光明日报出版社，2011．

［27］项久雨．思想政治教育价值论［M］．北京：中国社会科学出版社，2003．

［28］张宁俊，朱伏平，张斌．高校教师职业认同与组织认同：理论与实证研究［M］．成都：西南财经大学出版社，2013．

［29］艾四林．新时代如何办好思想政治理论课［M］．北京：人民出版社，2019．

［30］邹礼玉．高校思想政治理论课教师队伍建设的新思路［M］．北京：光明日报出版社，2013．

［31］陈雪斌．高校思想政治理论课青年教师队伍研究［M］．桂林：广西师范大学出版社，2014．

［32］教育部思想政治工作司．加强和改进大学生思想政治教育重要文献选编（1978—2014）［M］．北京：知识产权出版社，2015．

［33］陈萌，姚小玲．新时期高校思想政治理论课教师队伍建设的问题与对策研究［J］．思想教育研究，2014（12）．

［34］陈占安．改革开放以来高校思想政治理论课建设的回顾与展望［J］．思想理论教育，2018（10）．

［35］闫科培．新时期加强高校思政课教师队伍建设的几点思考［J］．新疆师范大学学报（哲学社会科学版），2009（6）．

［36］高维访．理论教学必须与实践教学相结合［J］．思想教育研究，2004（12）．

［37］陈占安．关于加强高校思想政治理论课教师队伍建设的思考［J］．思想理论教育导刊，2008（17）．

［38］池平清，樊健．基于需求层次理论探讨新形势下高校教师思想政治工作对策［J］．江西师范大学学报（哲学社会科学版），2016（9）．

［39］冯刚，房正．把高校思想政治工作推向新高度［J］．教育研究，2017（7）．

［40］冯刚．改革开放以来高校思想政治教育质量评价的回顾与思考［J］．教学与研究，2018（3）．

［41］冯刚．思想政治教育创新发展的四个着力点［J］．教学与研究，2017（1）．

［42］冯刚．增强高校思想政治教育持续发展的内生动力［J］．中国高等教育，2017（2）．

［43］陈雪斌，秦敬德，李月发．高校思想政治理论课青年教师队伍建设探索：以广西为例［J］．高教论坛，2012（8）．

［44］张莉，李继兵．加强高校思想政治理论课青年教师拔尖人才队伍建设的思考［J］．学校党建与思想政治教育，2016（4）．

［45］苏玲，张峰林．高校思政课青年教师队伍特征分析及其建设策略［J］．高教论坛，2015（1）．

［46］周素勤，任鹏．思想政治理论课青年教师队伍建设的问题与对策［J］．黑龙江高教研究，2013（3）．

［47］冯刚．在遵循规律中提升思想政治工作质量［J］．思想教育研究，2017（1）．

［48］吴立宝，张永健．中小学教师教科研困境及其实践转向［J］．中国教育学刊，2018（1）．

［49］何玉芳，王艳婷．高校思想政治理论课青年教师理论素养的现状与提升对策［J］．北京教育（德育），2013（10）．

［50］张传辉，刘文晶．试论高校思想政治理论课青年教师素质培养［J］．教育探索，2011（11）．

［51］陈涛，阳黔花．高校思想政治理论课青年教师马克思主义理论素养现状及对策思考［J］．贵州师范大学学报（社会科学版），2014（3）．

［52］赵中源．高校思想政治理论课教师的角色定位［J］．中国高等教育，2016（8）．

［53］王红英，高东，韩宝平．谈高校思想政治理论课教师专业能力培养［J］．教育探索，2014（6）．

［54］盖逸馨，张涛．新时代高校思想政治工作以"全"为径 用"新"作舟［J］．思想理论教育导刊，2018（1）．

［55］宋宏博，潘世璠．大中小学思政课一体化："四维一体"赋能思政课教师队伍建设［J］．南方论刊，2024（7）．

［56］韩喜平，张梦菲．论高校思想政治理论课的问题意识［J］．思想理论教育导刊，2018（7）．

［57］李珂．"四个课堂"联动，构建高校思想政治工作新体系［J］．思想教育研究，2017（2）．

［58］李志远，吴宏政．新时代高校青年思政课教师队伍建设研究［J］．江苏高教，2024（7）．

［59］汤海艳．高校思政课教师职业幸福感的追寻［J］．学校党建与思想教育，2009（8）．

［60］蒋晓蒲．"大思政课"理念下高职院校思政课教师队伍建设的实践探索［J］．石家庄职业技术学院学报，2024，36（3）．

［61］刘建军．习近平对高校思想政治工作解惑功能的全面阐述［J］．思想理论教育导刊，2017（10）．

［62］骆郁廷．高校思想政治理论课的"变"与"不变"［J］．思想理论教育导刊，2013（4）．

［63］刘武根．论新时代高校思想政治理论课建设的主要矛盾［J］．思想理论教育导刊，2018（5）．

［64］王国学，顾博．高校思想政治理论课积极互动教学方法研究［J］．学校党建与思想政治教育，2018（12）．

［65］王向明，张廷广．高校思想政治理论课"翻转课堂"的理论与实践［J］．思想政治教育研究，2018（12）．

［66］五卫国，陈迪明．大数据时代高校思想政治理论课创新路径探析［J］．思想政治教育研究，2017（7）．

［67］刘瑾，丁欢欢，王莉莉．新时代高职院校思政课教师队伍建设现状调查研究：基于六省（市）的实证分析［J］．中国职业技术教育，2024（3）．

［68］郑琼梅，李敏．试论高校思想政治理论课教学语言艺术的生命力［J］．学校党建与思想政治教育，2016（7）．

［69］蔡瑞艳．高校教师教育家精神的理论解读与涵养路径［J］．高教研究，2024（4）．

［70］尤莉娟，陈鹏．"匠人之师"教育家精神的时代内涵及生成路径［J］．中国职业技术教育，2024（6）．

［71］杜佳荣．习近平关于教育家精神重要论述的价值意蕴、科学内涵和弘扬路径［J］．领导科学论坛，2024（7）．

［72］夏斌．教育家精神引领下高校师德师风建设研究［J］．职业技术教育，2024（9）．

后 记

2020年第17期《求是》杂志刊发了习近平总书记的重要文章《思政课是落实立德树人根本任务的关键课程》，文章强调，"思政课是落实立德树人根本任务的关键课程，思政课作用不可替代，思政课教师队伍责任重大"。作为一名思政课教师，深感使命光荣，责任重大。"05后"大学生正处于"拔节育穗期"，这一期间学生们的心智逐渐成熟，需要全体教师特别是思政课教师在世界观、人生观、价值观上对他们进行正确的引导。

习近平总书记指出："要有堂堂正正的人格，用高尚的人格感染学生、赢得学生，用真理的力量感召学生，以深厚的理论功底赢得学生，自觉做为学为人的表率。"思政课教师队伍建设是高校教师队伍建设的重要组成部分，也关系到学校立德树人工作是否有效落实。在高职院校，我们看到了很多充满激情的年轻教师扎根教学一线，用热情、真情、激情不断书写立德树人的教育故事。他们秉持着思政课教师应有的教育情怀，在思政课理论教学、实践教学上不断守正创新，为教育事业作出重要的贡献。道阻且长，行则将至。不管怎么样，现在我们看到了部分高职院校思政课教师已经在职业教育思政课教学道路上越走越顺，看到了教育部在大力支持各省市开展职业院校思政课教师队伍建设，也看到了在各大思政课教学比赛上职业院校的思政课教师展示出的专业自信和教育自信。但同时也要清楚认识到，部分职业院校思政课教师在学历和职称上和本科院校还有较大的差距，在职业自信上有起伏，在科研上后劲不足。虽然高职院校的科研平台确实有不足，但是也考验着思政课教师能不能发挥主观能动性。

本书的出版得到了区内外高职院校领导和老师的大力支持，受访教师在访谈过程中也积极配合课题组成员开展工作，在此表示感谢。

笔者在研究的过程中深感这一问题的复杂性和多变性，在这个综合研究过程中不仅需要马克思主义理论的指导，也需要教育学、心理学、社会学、信息技术学等多个学科视角的综合参与。本书的出版只能算是我们在这一课题上进行了初步的研究和探索，但事实上高职院校思政课教师队伍建设随着政策和现实客观条件的变化会产生很多新的问题。我们做的事情只是抛砖引玉，希望学界能够多关注这一领域，产出更多高质量的学术成果，为推动高校思政课高质量发展贡献思政人的力量。最后，再次感谢撰写专著和出版专著过程中各位同仁的大力支持。由于能力和水平有限，本书难免存在不成熟、不完善的地方，也恳请各位专家不吝赐教，批评指正。

  作者系广西师范大学马克思主义学院思想政治教育专业博士研究生，广西建设职业技术学院马克思主义学院副教授。广西师范大学是本著作第一成果单位，特此说明。